ファッション販売のための

# 「本当に似合う商品」ルールブック

色彩コンサルタント・パーソナルカラリスト
松本千早
Chihaya Matsumoto

PERSONAL COLOR

同文舘出版

# サマー
# Summer

Blue

Light

Soft

Matte

Cool

本文184・187ページ

# ウインター
Winter

Hard

Deep

Blue

Cool

Clear

# スプリング
## Spring

Light

Yellow

Soft

Warm

Clear

本文184・187ページ

# オータム
Autumn

Deep

Hard

Yellow

Warm

Matte

## スプリング
Spring

黄み
Yellow
Warm
暖かみ

## オータム
Autumn

本文184ページ

## 色みの要素から分類

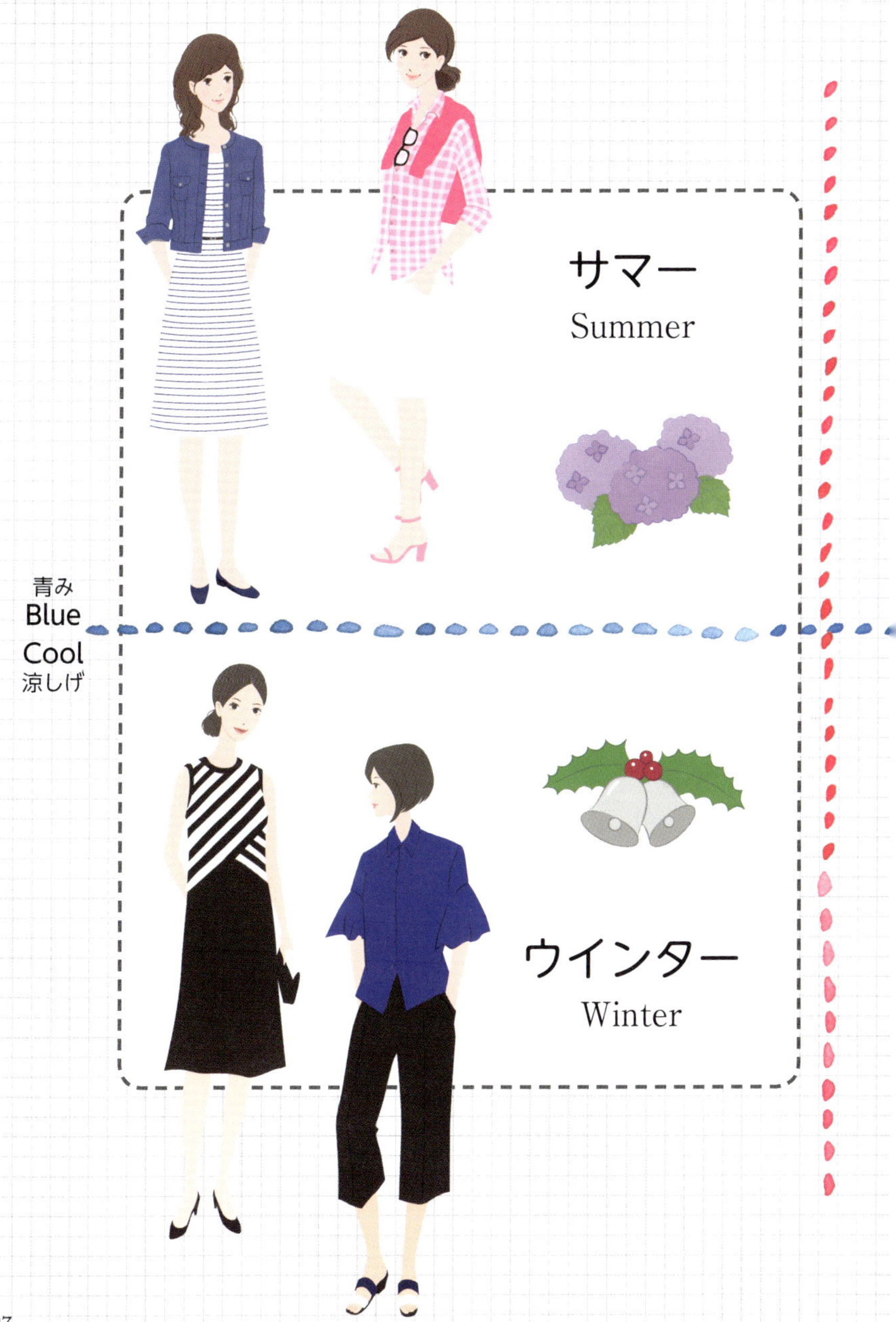

ライト
Light

## スプリング

▷ライト
▷明るい
▷軽い
▷細い

▷ディープ
▷暗い
▷重い
▷太い

## オータム

Deep
ディープ

本文190ページ

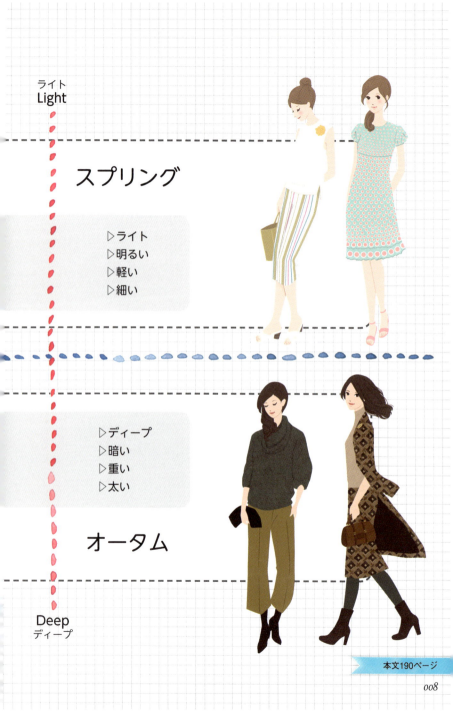

## 「色の明るさ」「質感」から分類

ソフト
Soft

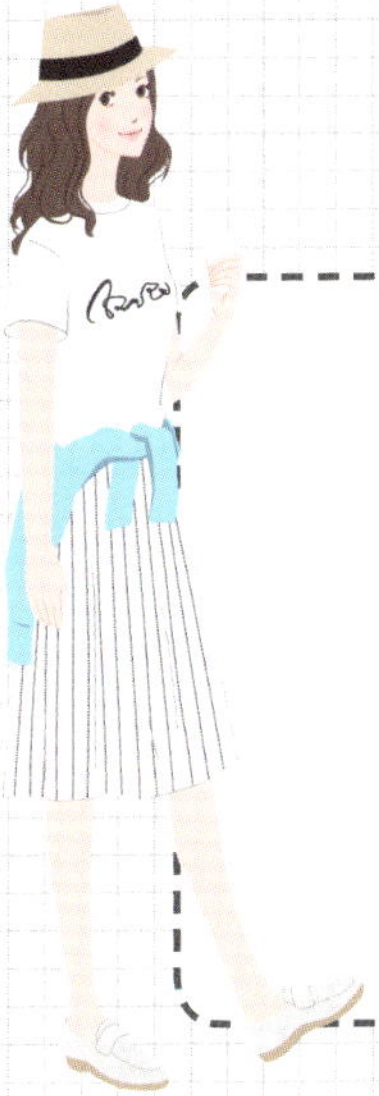

サマー

▷ソフト
▷柔らかい
▷淡い
▷薄い

▷ハード
▷硬い
▷濃い
▷厚い

ウインター

Hard
ハード

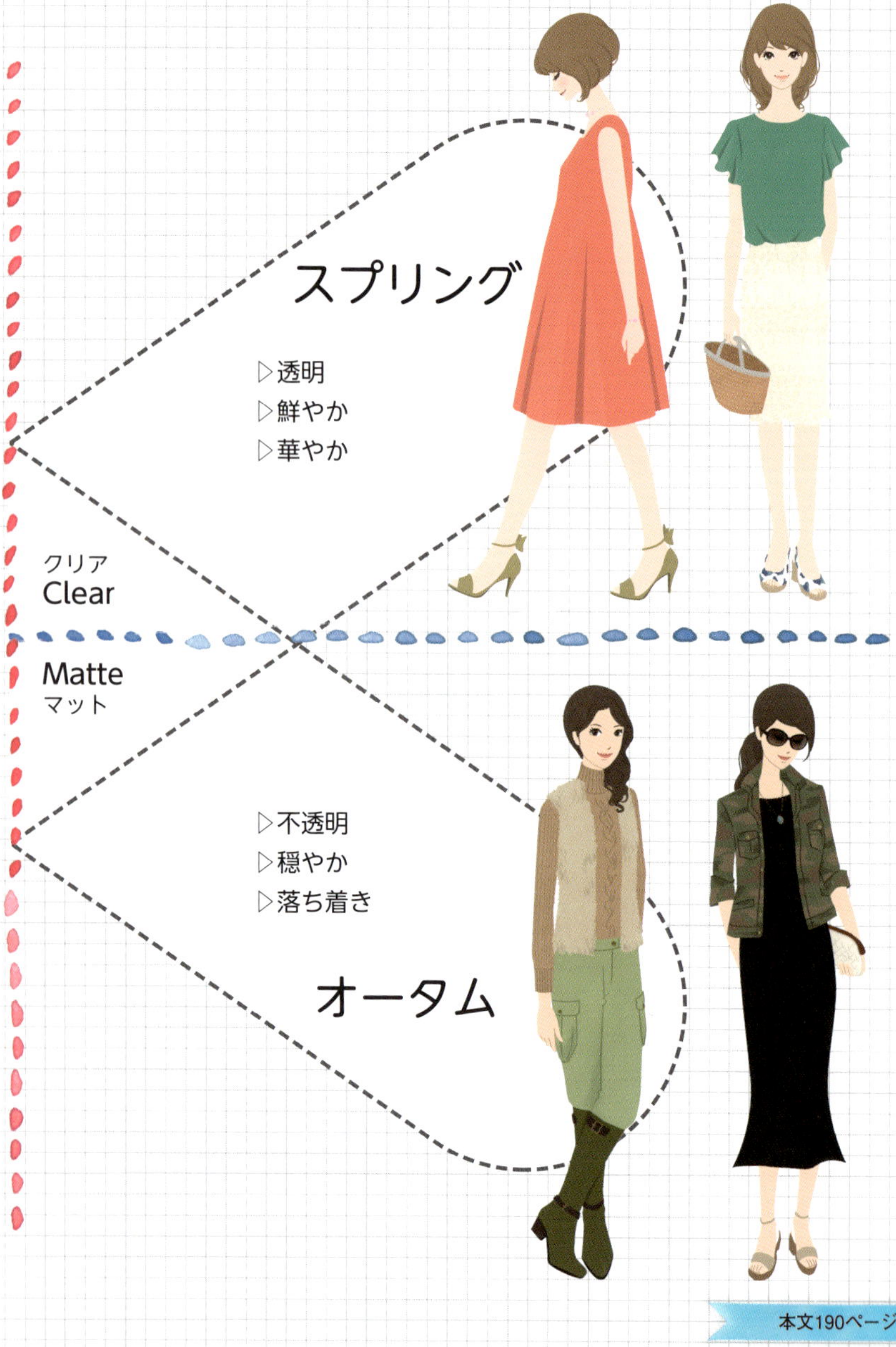


本文190ページ

## 「色の鮮やかさ」「質感」から分類

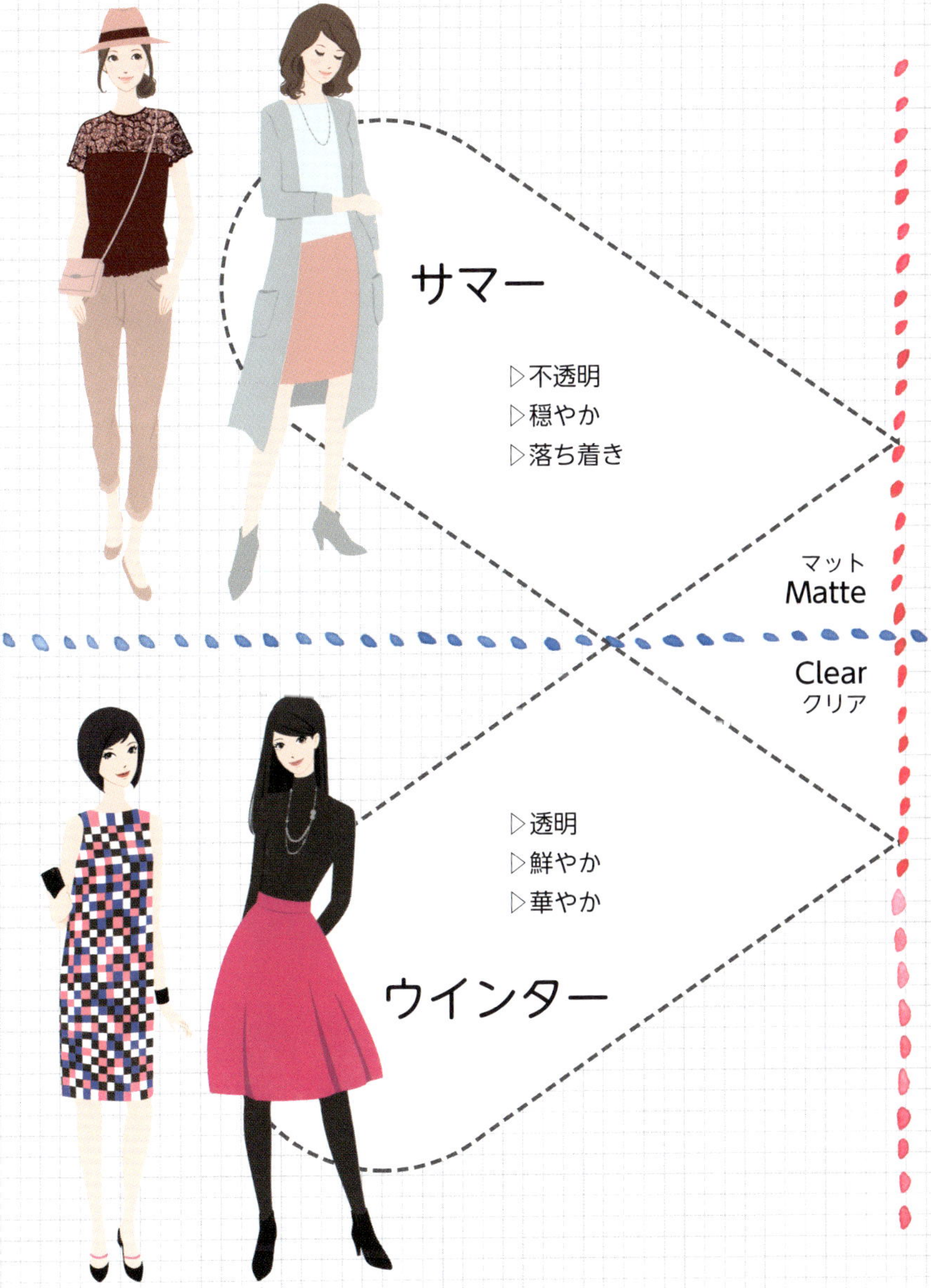

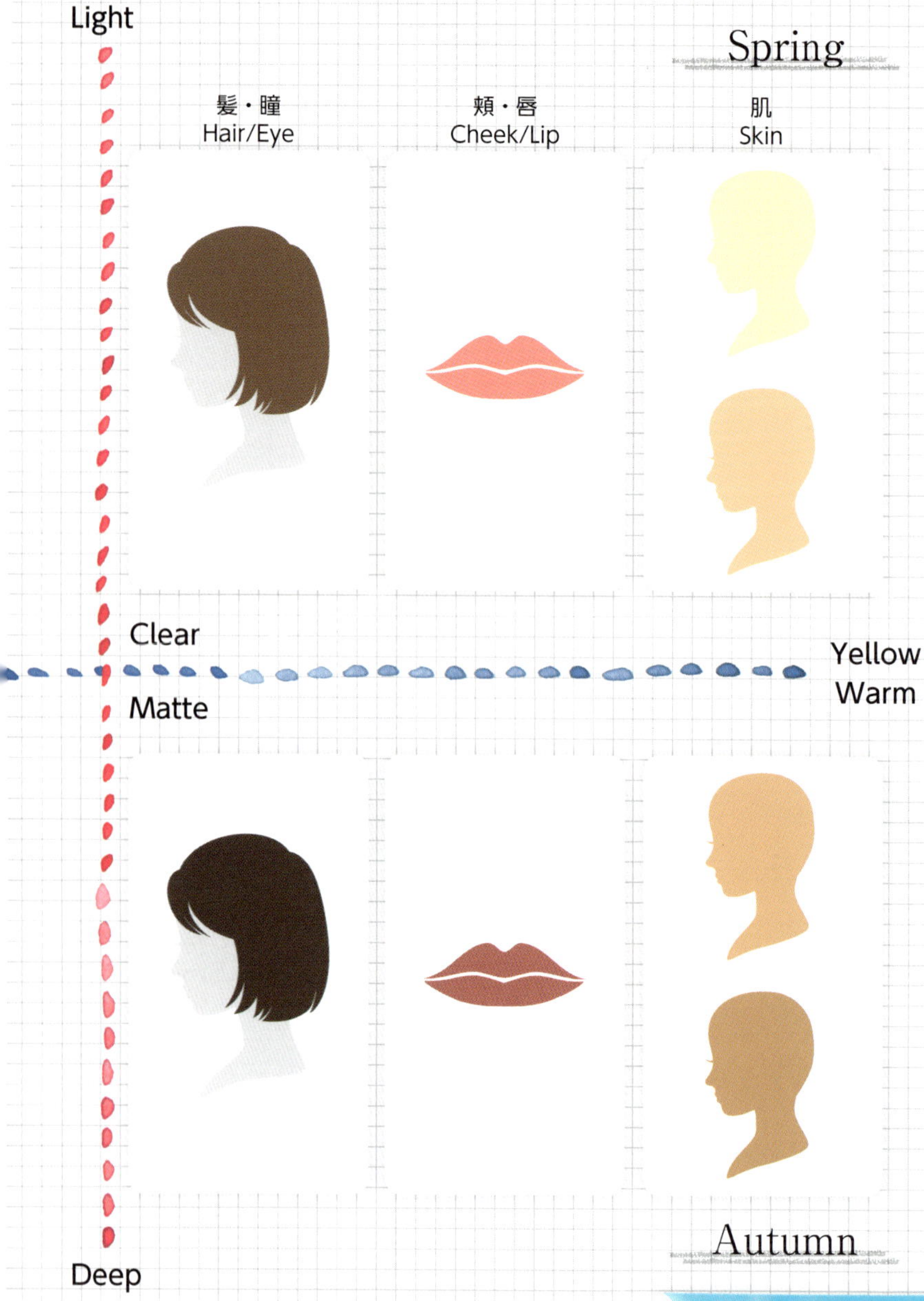


本文80〜100・187ページ

# パーソナルカラー4シーズン　顔色イメージ見本

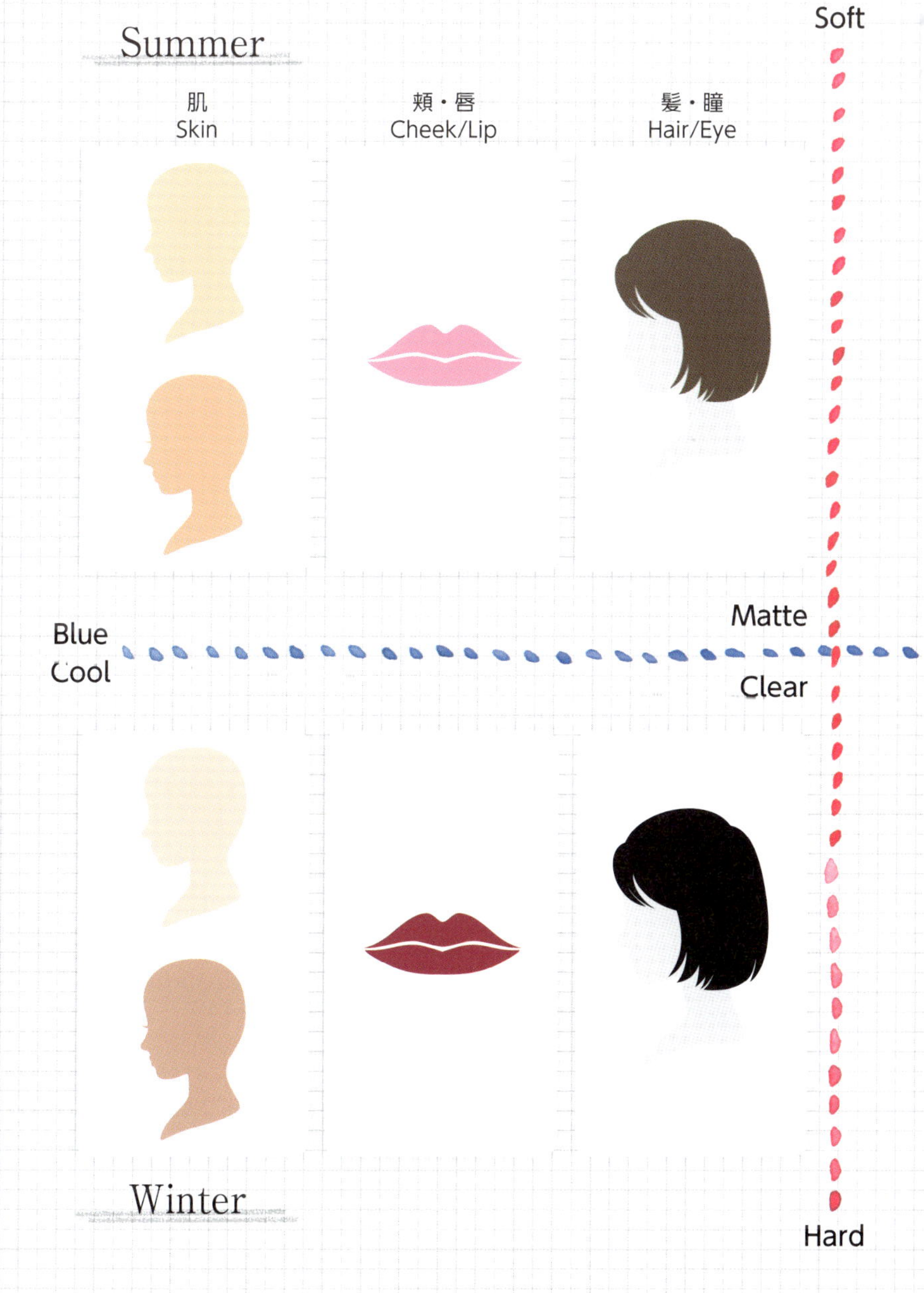

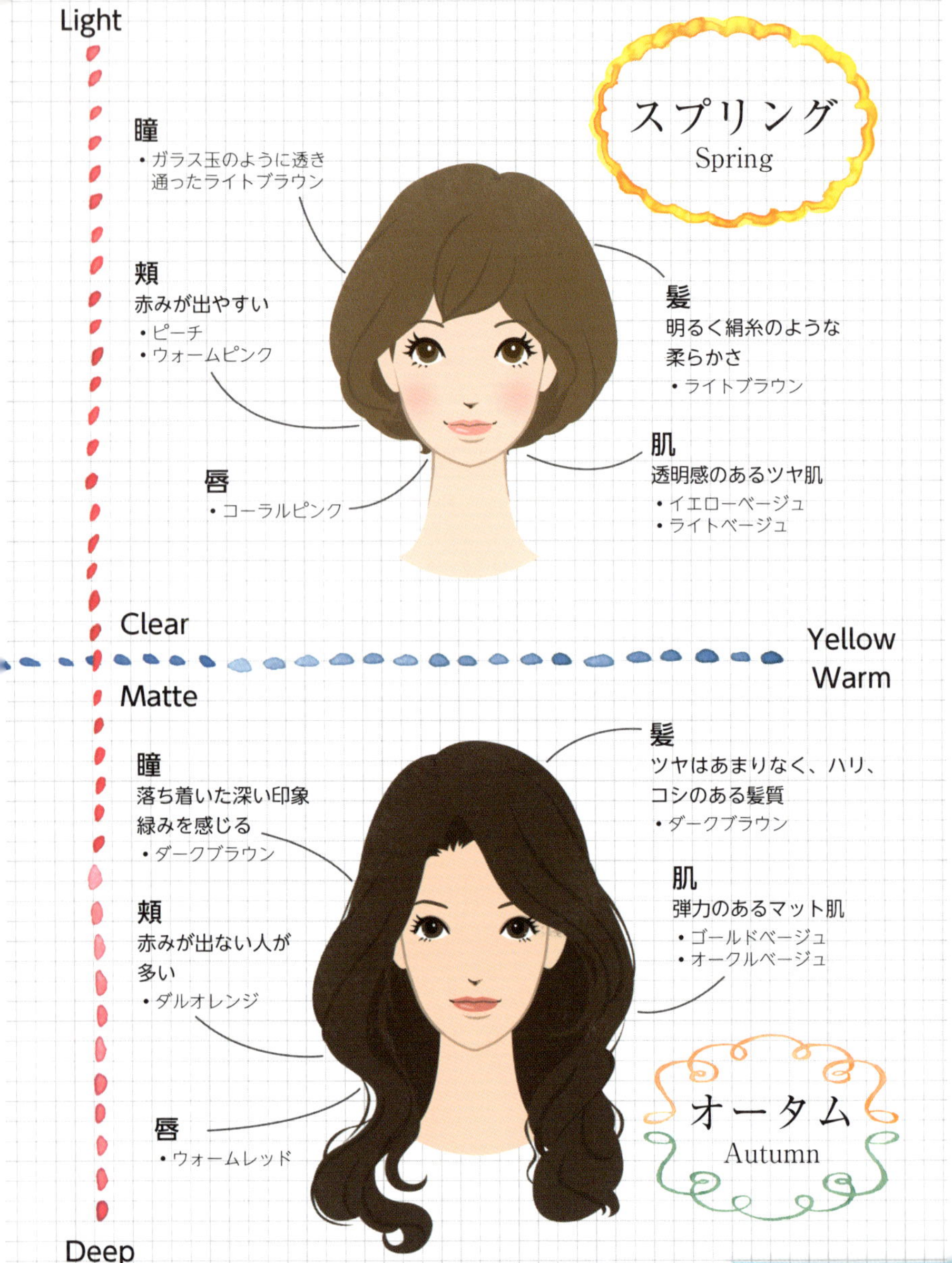
Light
スプリング
Spring
瞳
・ガラス玉のように透き通ったライトブラウン
頬
赤みが出やすい
・ピーチ
・ウォームピンク
髪
明るく絹糸のような柔らかさ
・ライトブラウン
肌
透明感のあるツヤ肌
・イエローベージュ
・ライトベージュ
唇
・コーラルピンク
Clear
Matte
Yellow
Warm
髪
ツヤはあまりなく、ハリ、コシのある髪質
・ダークブラウン
瞳
落ち着いた深い印象
緑みを感じる
・ダークブラウン
肌
弾力のあるマット肌
・ゴールドベージュ
・オークルベージュ
頬
赤みが出ない人が多い
・ダルオレンジ
唇
・ウォームレッド
オータム
Autumn
Deep

本文187ページ

## パーソナルカラー４シーズン　顔パーツ・色の特徴

Soft

### サマー
Summer

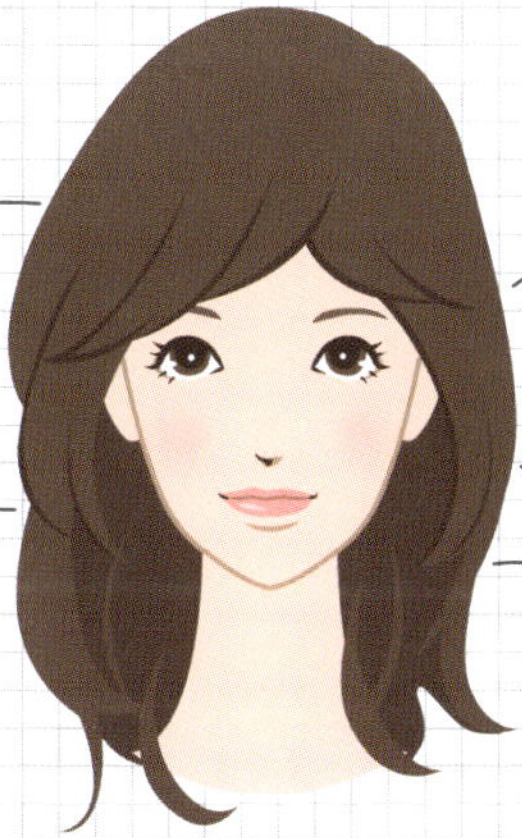

**瞳**
ソフトな印象
・ローズブラウン

**髪**
風になびく柔らかさ
・ソフトブラック
・ダークローズブラウン

**頬**
・パステルピンク

**肌**
パウダリー、セミマット肌
・ローズベージュ
・ダークローズベージュ

**唇**
・パステルピンク

Matte

Blue
Cool

Clear

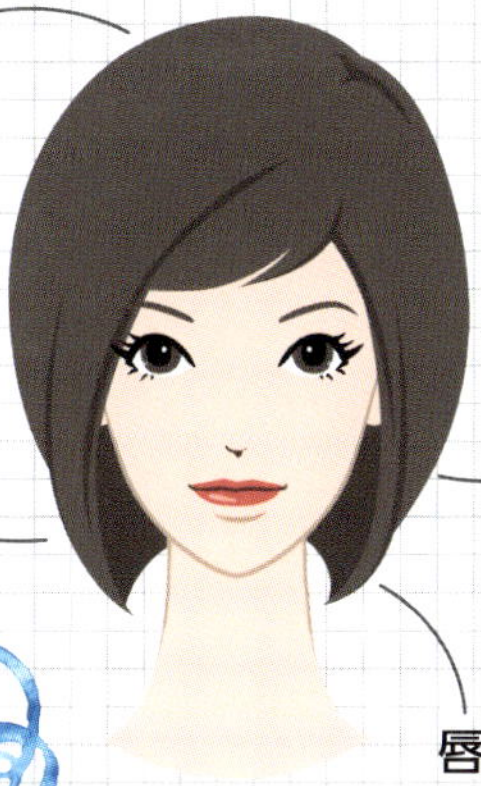

**瞳**
白目と黒目のコントラストが強い
・ブラック

**髪**
ツヤ、ハリ、コシのある髪質
・青みを帯びたブラック

**肌**
非常に色白またはダーク
・ブルーベージュ
・ダークベージュ

**頬**
赤みが出ない人もいる
・ローズピンク
・レッド

**唇**
・ローズ

### ウインター
Winter

Hard

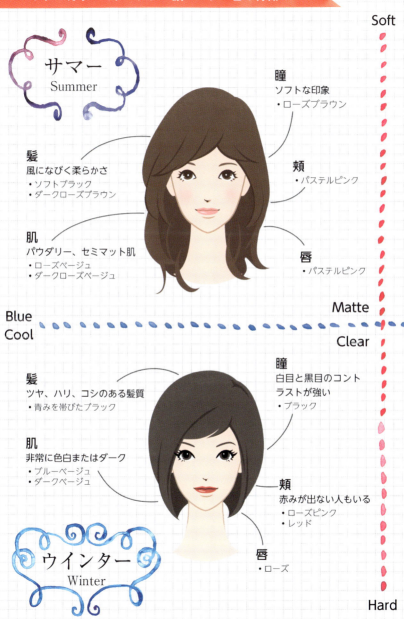

## インナー選択で「似合う」に導く！

### ブルーベース（ブルー肌）

○

ジャケット
ブラック

インナー
ライトグレー

ブルーベースさんが本来得意方向のブラックですから、ライトグレーを使えば穏やかに着こなせます

△

ジャケット
ブラック

インナー
ベージュ

ベージュがインナーだと少し黄みを帯びた頬になります

△

ジャケット
ブラウン

インナー
ライトグレー

ブラウンジャケットは苦手ですが、ライトグレーを合わせると少しすっきりした印象になります

×

ジャケット
ブラウン

インナー
ベージュ

ブラウン×ベージュというウォーム感が強い配色は苦手です

### イエローベース（イエロー肌）

×

ジャケット
ブラック

インナー
ライトグレー

イエローベースさんはブラックが苦手。ライトグレーでは顔色がくすみます

△

ジャケット
ブラック

インナー
ベージュ

苦手なブラックもベージュによってかなりやわらかく馴染んで見えます

△

ジャケット
ブラウン

インナー
ライトグレー

ブラウンジャケットは得意ですが、ライトグレーのインナーではさびしい印象になります

○

ジャケット
ブラウン

インナー
ベージュ

ブラウンジャケットとベージュのインナーは、イエローベースさんにとって黄金の組み合わせ

本文201ページ

ファッション販売のための「本当に似合う商品」ルールブック

もくじ

## Prologue 黒の魔力の思い込み



## Part 1 心から「お似合いですね」と言えていますか？

## Part 2 お客様のココを見れば「似合う」が見つかる

## Part 3 接客上手は表現上手。「販売表現力」をアップしよう

## Part 4 パーソナルカラーは「似合う」のバイブル



## Epilogue 「似合う色」を知る喜び、伝える喜び



カバーデザイン　新田由起子（ムーブ）
カバーイラスト・本文イラスト　門川洋子
本文DTP　川野有佐（ムーブ）

# Prologue

# 黒の魔力の思い込み

# だれもが頼っている黒。実は一番ハードルが高い色

今日は何を着ていこう？

そんな時、黒を選べばまずは大丈夫！　おしゃれにかっこよく決まるわ！　などと思っていませんか？　スタイリングに悩んだ時の救世主のような存在が「黒」だと。

ファッション販売に関わるあなたも、「黒なら大丈夫」だと、気軽にお客様へおすすめしていませんか？

でも、それは多くの人にとって、誤解なのです。

むしろ、**黒を単純に美しくすっきり着こなせる人は、かなり少ないのです。**10人に1

人もいません。20人に1人くらいの割合ではないでしょうか。

**これは、「似合う」の本当の意味を知っている人が、まだまだ少ない**ことを意味しています。

「え？　じゃあ、どんな人なら黒が似合うの⁉」

はい。それは本編でお話ししていきましょう。少しお待ちくださいね。

それにもかかわらず、私たち日本人のファッションやインテリアにおいて、黒への依存度の高さははなはだしいものがあります。需要が高いので、必然的に製造・販売側の供給も増すこととなります。

あなたがもし今、電車に乗っているとしたら、改めてまわりの女性たちのスタイルを見回してみてください。

いかがですか？

黒いコート、黒いセーター、黒いパンツ、黒いタイツ、黒い靴……。

喪に服しているわけでもないのに、コーディネートのどこかに黒を使っている人があまりに多いことに気づくでしょう。

このように、**日本では「好きな色」は別の色であっても、「ファッションアイテムに選ぶ色」としては、老若男女を問わず黒嗜好が強い**のです。


歴史・習慣を踏まえて、黒に特別感を抱く理由はこう推察できます。

黒は本来、重さ、硬さ、強さを感じさせる色。つまり、どっしりとした存在感がある色です。安心感や、まわりから自分を守ってくれるという心理も働きます。

時には夜・暗闇の黒、喪をも連想させることから、恐れを抱かせる色でもあります。

しかし一方で、書道や禅の思想に基づく水墨画にも使われる墨の黒から、文化・慣習的な精神性も感じ取れます。

また、伝統的工芸である漆の黒や、日本女性の艶やかな黒髪の美しさなども連想され、身近ではあるのに、確かな特別感を感じさせてくれる色でもあるのです。


私の仕事柄、お客様の似合う色をお探しするカラーカウンセリングの際に、お客様にこのようにお尋ねすることがあります。

「日頃、お召しになるのはどのような色のお洋服でしょうか?」

それに対してお客様から返ってくる答えは、

「黒です。他のアイテムの何にでも合わせやすいから安心なので」

「黒が多いですね。一番やせて見えますから」

「黒をよく着ているので、私のイメージだってまわりから言われます」

黒がいとも簡単にコーディネートを助けてくれて、しかも、自分は黒が似合うと根拠なく思い込んでいる人が多いということです。

ここからも、私たち日本人には、「黒神話」がかなり深く根づいてしまっていることを感じます。


では、黒がやせて見えるどころか、太って見える場合もある例をお話ししましょう。

グラマラスでチャーミングなオペラ歌手・タレントでいらっしゃる森公美子さんが、黒いドレスを着た時と、赤・オレンジ・黄といった明るい色のプリントドレスを着た時を想像してみてください。

世の中の黒愛好家さんたちの考えが正しければ、前者のスタイリングのほうがスリムに軽く見えるはずですね。

ところが、黒のドレスを着た森公美子さんは、やせて見えるというよりも、どっしりと黒の塊となって重そうに見えてしまいます。

それに比べると、後者は華やかに明るい色柄が、森公美子さんのほがらかな性格とも相まって、リズム感を持たせて軽やかに見せてくれるのです。トークも楽しく盛り上がっているイメージまで湧いてきます。

つまり、黒は完璧なやせ色ではないのです。**黒は、だれしもが簡単に着こなせる魔力を持った色ではなく、上手に着こなすためには工夫が必要な色**なのです。

# もう無難なご提案を卒業しよう

では、販売員のあなたが接客する際のトークをイメージしてみてください。

やはり、同様に黒の魔力にかかって、黒を無難な色としておすすめしてしまっているのではないでしょうか？

「黒は持っておかれたら、何にでも合いますから」

「黒のインナーを合わせていただければ素敵です」

私自身が買い物をする際にも、このトークを販売員の方からよく言われます。

でも、黒が自分に似合わないとわかっている私が、

「私、黒は着ないのですよ」

と答えると、販売員さんは、きょとんとした顔で、

「黒を着ない人がいるのだ……」

と、驚いた様子の反応をされます。そうです。**「黒をおすすめすれば絶対安心!」ではない**のです。

ここが、**接客マンネリトークの危険信号**です。

マンネリトークに漫然と浸っていると、せっかくあなたから購入しようと思っていたのに、今ひとつイメージが広がらず、決断に至らないお客様がいるかもしれません。

そして、あなたがそれに気づいていないことが一番の問題なのです。

「またお客様を逃してしまった……」

「笑顔で一所懸命、応対したのに……」

「私って販売に向いていないのかもしれない……」

売上が伸びない日は、どんどんマイナス思考に陥ってしまいますね。

さあ、あなたの心の中と向き合ってみましょう。

販売員のあなた自身も、自分のコーディネート提案にマンネリを感じているのではないでしょうか?

コーディネート力、バリエーション力の乏しさに、悩むことがあるのではないでしょうか？

また、思い切ったコーディネートができ上がったとしても、それをお客様におすすめできるトーク力に自信が持てなくて、勇気が出せないのかもしれません。

そんな時こそ、本書を読んで、発想・視点を変えてみましょう。

今まで学んできた王道の接客マニュアルは、もう十分マスターされていることでしょう。

そこにはなかった発想。新しいコーディネートのセオリーを、この本から見つけてください。

そして、接客で冒険する自信をつけましょう。

**「最後にもう一言、投げかけられる言葉」**

これを見つけてください。


つまり、黒に限らず、無難にベーシックカラーをコーディネートしてご提案するだけでは、まとまってはいても、お客様が「はっ！」と思う刺激を与えることはできないのです。

**もう無難なご提案ではお客様の心は動きません。**

今は個性・自分らしさを主張する時代。お客様はありきたりの接客提案に、飽きているのです。

**お客様は「私だけ」のための提案を欲しがっている**のです。

最終的にお買い求めになる商品がベーシックカラー、王道のコーディネートだとしても、お客様の心をつかむには、**積極的なカラーコーディネートをご提案する**ことがあなたの武器になるのです。

そんな勇気ある発想の提案をしてくれるあなたから、お客様は次回も買い物がしたくなるのです。

# パーソナルカラリストとしての気づき

私は日頃、個人のお客様、ご結婚を控えた新婦様に向けて、パーソナルカラーカウンセリングや、同行ショッピングで、お客様にお似合いになる色・アイテムをお探しし、ご提案して、その方の魅力を引き出すお手伝いをしています。

人それぞれに似合う色は違っていて、お客様は自分に似合う色、つまり「パーソナルカラー」を身につけることで、驚くほど美しくなられます。その自分自身の力を知ることで、自信に満ちた表情で、内面からも輝いていきます。

しかし、**まだまだ自分に似合う色を知っている人が少ない**ことに驚きます。

「パーソナルカラー診断を受けたことがある」と言う人も、実際のファッションにどれだけパーソナルカラーを活かしているかというと、疑問が残ります。

街行く人を眺めていても、「もっとこうすればチャームポイントを活かせるのに」と残念に思うことがしばしばあります。

また逆に、「ご自分を知ったうえでの何と素晴らしい色選びをしているのでしょう！」と、呼び止めて褒めて差し上げたいような人もいます。そんな人を眺めている時の私は、きっと目尻の垂れた笑顔になっているに違いないのです。

そのパーソナルカラーのノウハウを、私はぜひ、あなたのようなファッション販売員さんたちにマスターしていただきたいのです。

この知識を得れば、**もっとお客様にピタリと似合う商品が選べて、おすすめ提案がうまくできて、バリエーション豊かなコーディネート術も身につく**のです。また、**接客トークにも幅ができ、お客様の信頼をさらに得る**ことができます。

そうすると、あなた自身が**自信を持って接客に臨める**ようになり、もっと**今のファッション販売という仕事が、好きになる**に違いないのです。

では、「似合う」とはどういうことなのでしょう？

「上手に着こなせる人」とはどのような人なのでしょうか？

本書では、これを解き明かしていくことで、「お客様に本当に似合う商品」をご提案できる力をつけていただくことを目指しています。

お客様の**「好きな色と、似合う色が一致するとは限らない」**。

これが、パーソナルカラーの難しいところです。

また、**「お店の商品コンセプトカラーと、お客様の似合う色とが一致しない」**。

この問題もファッション業界において、パーソナルカラー普及の足かせとなっている要因のひとつです。

パーソナルカラーといえば、

「自分の〝パーソナルカラーシーズン〟の色以外は着てはいけない」

「好きではないのに、可愛いイメージの色しか似合わないと言われた」

などと極端にとらえてしまって、せっかくの素敵なパーソナルカラーを窮屈に感じている人もいるようです。

これらの問題点を踏まえて、十数年にわたって、パーソナルカラーに携わって仕事をしてきた私が、ハッキリ申し上げておきます。

**パーソナルカラーは、あなた、そしてお客様を縛るシステムではありません。**

むしろお客様を素敵に輝かせることを仕事にしている人たちの、**強い味方になってくれる**ものなのです。

そこで本書では、いわゆる従来のパーソナルカラー教本ではなく、そのもっと根本となっている「似合う」を見つけるバイブルとして、「似合うって、何?」を修得できる内容で書き進めています。

つまり、**お店の商品バリエーションなりに、お客様の好みも取り込みながら、「似合う商品の選び方」をお伝えしていきます。**

さらに、その「似合う」をお客様にお伝えする際の「すすめ方」もレクチャーしていきます。

色だけではなくて、「形」「質感」も掘り下げていきます。

**お客様が本当に似合う商品を身につけられた時の輝きを、あなたも一緒に感じてください。**

私はこの感動を何度も味わいたくて、パーソナルカラーの仕事を続けているといっても過言ではありません。

「自分の味方になってくれる色」を得た時の喜びを、あなたからお客様へプレゼントしてください。

そしてその時、お客様からは、感謝の「ありがとう」という気持ちが必ず返ってくるでしょう。

**ファッション販売の仕事に携わっている充実感を存分に受け取ってください。**

本書を読んで、1日に1つでも2つでも実践していただくことで、新しい気づきがあり、好きなファッション販売の仕事に、もっと自信を持って取り組んでいただけることを願っています。

**その達成感であなた自身も、さらに美しく輝こうではありませんか！**

また本書は、ファッション販売以外の、美容・ブライダル・フラワー・インテリアなどの、「お客様に似合うアイテム」を提供されている業界の方々にもお役に立てていただける内容です。

どうぞ、「似合う」を見つけて、お客様にご提案する指南書としてください。

# Part 1

# 心から「お似合いですね」と
# 言えていますか？

# 知らずに提案してしまっている苦手色

毎年、大きなくくりでとらえると、春夏・秋冬のシーズンごとに、トレンドが発表されます。

近頃では、さらに目まぐるしく注目アイテムが登場するので、お客様はそのアイテムがいったい自分に似合うかどうか、試してみたくて来店します。

お客様が来店し、お目当ての商品を見つけ、手に取り、試着をし、鏡を見ます。

その、新しい商品に興味を示すお客様に、もちろんあなたは、「お似合いですね！」と声をかけていることでしょう。

しかし、ハタと冷静になって考えてみてください。

それは、心からそう思ってお褒めしていますか？

例えば、それが、鮮やかな今季注目のマンダリンオレンジのセーターだったとしましょう。

あなたの大切なお客様に、本当にその色が似合っていますか？

もしそこで、賛成票をどんどん入れるかのようにおすすめし、まだ迷っていたお客様の気分をマックスにまで高めてお買い上げいただいたとしましょう。

商品を家にお持ち帰りになったお客様。

翌朝、鏡の前で日頃のボトムスと合わせてみたところ、何だか顔がくすんでしまって黄色く見える。肌も厚ぼったく老けたように感じる……。

「今日は体調があまりよくないのかしら」と思いながら出勤。

さらに会社では、

「何、その派手な色は！」

「いつもの上品さが感じられないわね」

などと、マイナス評価をもらってしまうことに。

お客様本人も落ち着かない1日を過ごすことになってしまいます。

その結果、もうそのセーターは表舞台に登場することはなくなり、クローゼットの片隅に追いやられることになるのです。

せっかくあなたが盛り上げて接客した時間も、お客様にとってはむなしいものとなってしまい、あなたが心待ちにしている次回の来店は、夢となってしまうかもしれないのです。

もしかしたら、接客したあなたも、「ちょっとあのオレンジは鮮やか過ぎて、今日のお客様には浮いていたかもしれないわ……」と、夜ベッドの中ですすめ過ぎたことに罪悪感を持っているかもしれません。


逆に、こういうケースはどうでしょう。

同じお客様が今季注目のオレンジと、さほど注目はされていないけれど、きれいなスカイブルーのセーターとで迷われていたとします。

「ピンクや赤といった暖色をよく着ます」

と言うお客様の言葉だけをとらえると、オレンジをすすめてしまいがちですが、しっかり本書で、「似合うとは何か」を学ばれた後のあなたなら、

「このお客様にはスカイブルーのほうが相応しい」

と冷静に判断できるはずです。

そこで、

「こちらのオレンジもいい色ですが、お客様のきめ細かなお肌を、さらにきれいに見せてくれるのは、こちらのスカイブルーのほうですね」

と、具体的にチャームポイントを盛り込んでおすすめできるのです。

すると、**お客様は具体的に「自分のきれい」を想像できて、その場の盛り上がりではなく、納得して購入を決断される**のです。

さらには、今までのバリエーションには足りなかった寒色系のアイテムも増え、**着こなしの幅が広がることに喜びを感じていただける**でしょう。

**お客様にとって何が苦手で、何が得意かを見極めて差し上げることが、あなたに求められている**のです。

# 「似合う」ってどういうこと？
# 「似合う」には理由がある

「人それぞれ似合う色は違う」ということは、皆さん感じていることでしょう。

では、なぜ違うのか、ということを考えてみましょう。


**人にはそれぞれ持って生まれた「自分の色」があります。**

**それは肌の色であり、瞳の色であり、髪の色、頬の色、唇の色などです。**

**つまり、私たちは24時間その色たちと生活を共にしているわけです。**

日本人は黄色人種ですから、

「えっ？　日本人は皆一様に、黄色い肌色で、髪や瞳は黒いのでは？」

と思われるかもしれません。

いえいえ、よく観察してみてください。すると微妙にその肌色は、ピンクがかった人や、しっかり黄みが強い人という違いがあるのです。小さな部分ですが、瞳の色も、まわりの人よりもひときわ明るい人がいます。

「なるほど。そういえば近頃は、若い方もマダムたちも、明るい髪色の女性が多いものね」と納得されたあなた。

いいえ、それは後天的に施したヘアカラーの色ですね。ここでいう「持って生まれた自分の色」とは、ヘアカラーをする前のピュアな地毛の色のことです。

欧米の人たちを例にするとさらにわかりやすいでしょう。

瞳の色はブルーだったり、グリーンだったり。髪の色も黒髪・栗毛・金髪・赤毛。多種多様です。

肌の色も抜けるように白い人、アイボリー肌、東洋人のように黄色の人、健康的な褐色の肌と人種によってもさまざまです。

その**持って生まれた自分の色と、お洋服やメイク・ヘアカラーなどがうまく調和して**

**いれば、「似合う！」と感じられますし、逆に不調和だと、なぜだかわからなくても「似合わない」と思われる残念な印象になってしまいます。**

そして、大抵の人は似合う理由も、似合わない理由もわからないまま、毎日、何となくお洋服をコーディネートして出かけています。

もしかしたら、ファッション販売に携わる皆さんも、

「何となく合うんじゃないかな？」

「私はセンスがいいから、感覚で大丈夫！」

というレベルで、お客様にコーディネートして差し上げているのが現状なのではないでしょうか。

そこで、**「似合う」の理由を知ることで、グーンと「似合わせ力」「コーディネート力」に差が出てきます。**

どんなタイプのお客様に黒をおすすめするべきか、ブラウンを選ぶべきかがわかってくるのです。

ご提案のコーディネートに自信がなかったあなたでも、その選び方・組み合わせが理由と共に理解できるわけですから、素敵なスタイリングも得意になり、おすすめトークも完成してしまうのです。ワクワクしてきたのではないでしょうか。

一方、コーディネートに自信があるあなたも、お客様へのご説明があと一言足りないと感じていませんか？

そこで必要なのが**ボキャブラリー。「なぜ似合うのか」を知ると、言葉の引き出しも増えてくるのです。**

また、今まで、「いつもこの色とあの色を組み合わせていた」「このような雰囲気の人にはこんなアイテムをおすすめしていた」といった自分で培ったセオリーの理由も見えてきます。すると、さらに応用力が高まって、もっともっと、センスアップができるのです。お客様に「似合う」を見つけることがさらに楽しくなるでしょう。

私自身がそうでした。

カラーを学んで、今までのファッションにおける自分の中に溜まっていた「なぜ？」がすべて解決しました。

小さい頃からおしゃれが好きで、自分なりのコーディネートセオリーがありました。

でも、なぜかすっきりしなかったのです。

「もっと吹っ切れるコーディネートがないものだろうか……」と模索してきました。

そこで、色について学び、「似合う」を突き詰めたパーソナルカラーを修得することで、大いに納得できたのです。「そうだったのね！」と、目からウロコが落ちるとはこのことでした。

どうしてあのグリーンのワンピースを着ると、必ずまわりから褒められたのか。

小学生の頃、子どもには大人っぽくて渋く感じるからし色の浴衣を、なぜ母が私に選んでくれたのか。

高校時代、襟元がライトブルーグレーの制服を着て撮った私の写真は、いつも元気なくさみしい印象なのか。

そういった理由が、どんどんはっきりとわかっていったのです。

# パーソナルカラーの考え方

パーソナルカラーの考え方は、世の中のすべての色を、**青みを感じるすっきりした印象の「ブルーベース」**というグループと、**黄みとその温かみを感じる「イエローベース」**というグループに分けることができるというものです。

そして**同じグループの色と色は、馴染み合い、調和し、美しい配色を織り成す**という考え方なのです。

ブルーベースは**クール**な印象、イエローベースは**ウォーム**なイメージともいえますね。

例えば、絵の具で赤に青を混ぜると紫になりますね。赤紫のワインの赤はブルーベースといえます。これに対して、神社にある鳥居の朱赤は、赤に黄色を混ぜてできるオレンジに近い赤で、こちらはイエローベースということです。

また、レモンの黄色はひんやり青酸っぱいイメージのブルーベースの黄色。夏みかんの黄色は、たっぷり黄色が詰まったように感じるイエローベースの黄色です。

つまり、人の肌の色、瞳・髪の色、それに合わせる洋服の色、ファンデーションの色、ヘアカラーの色、身のまわりのあらゆる色が、「青みを感じるのか、黄みを感じるのか」、そのベースの色を分析して、同じベース同士は調和するというのが、パーソナルカラーの考え方です。

ブルーベースの肌の色、瞳の色を持った人には、青みが入ったワインレッドのドレスが調和し、クールな色目のファッションが調和します。

イエローベースの髪の色、頬の色を持った人には、黄みがしっかり含まれたウォームな印象のオレンジ色の帽子がお似合いだということです。

実際にあなたが接客で活かしていくための、その具体的な見分け方は、Ｐａｒｔ2で学んでいきましょう。

# パーソナルカラーの似合う色効果「ドラマ・映画」編

皆さんがお客様に似合う色をご提案することで、どんな効果が生まれるのでしょう。似合う色を身につける、使うことで現われるその顕著な例をご紹介しましょう。それは男性であっても、女性であっても、同様に効果が上がるものです。

調和する色を身につけると、印象も断然よくなります。それは、ドラマや映画、ＣＭなどでも重要なキーポイントとなります。

主役の俳優さんの似合う色と、ドラマのイメージカラーがピッタリ合うと、視聴者はそれとは気づかずとも自然に好感を持てて、スムーズにドラマに入り込むことができるのです。すると、必然的に視聴率も上がり、シリーズ化されて長寿番組となる場合が多々あります。

例えば、2年に一度開催される世界陸上のテレビ番組司会でも活躍されている、俳優の織田裕二さん。その織田裕二さんが主役のドラマ、「踊る大捜査線」は映画も大ヒットしました。

織田さん演じる、熱血の青島刑事のトレードマーク的衣装といえば、だれしも思い浮かぶのではないでしょうか。そう、あのカーキ色のコートです。「青島コート」と呼んで、似たタイプのコートを購入した方もいたようです。

織田裕二さんの肌の色、瞳の色などをパーソナルカラー的に分析すると、黄みが強いイエローベースです。ですから、あのコートのカーキ色などの、濃くて深みある色目がお似合いです。

カーキ色はアクティブで野性味ある強さも感じられる色で、青島刑事がサッとあのコートを羽織って風を切って現場へ向かうシーンは、多くの視聴者にナチュラルで頼もしい印象をアピールしたに違いありません。

主役の俳優さんがご自身に似合う衣装で、好感度を上げる。すると役柄のイメージも引き締まり、ドラマの人気が上がったと分析できる顕著な例です。

# パーソナルカラーの似合う色効果「スポーツ」編

この試合の衣装の色を覚えていない人はいないでしょう。

２００６年トリノオリンピックで、フィギュアスケーターの荒川静香さんが金メダルを獲得した際のブルーの衣装です。

演技の素晴らしさはいうまでもなく、銀盤に映え、クールビューティに輝いていました。荒川さんの魅力をしっかり引き出していた青でした。

荒川静香さんは青みを帯びた肌や髪色を持ったブルーベースです。クールでシャープな色がお似合いになる方です。ですから、あの時の強い青と水色のコントラストあるコンビネーションカラーの衣装は、抜群にお似合いのパーソナルカラー。「魅せる競技」なだけに、お似合いになる色を着るメリットは絶大です。

衣装の青も金メダル獲得の後押しになったといっても過言ではないでしょう。

何よりもあれから十年近くも経っているにもかかわらず、「荒川静香さんといえば、あのブルーの衣装」と、多くの人の記憶にしっかり残っているのですから。

似合う色は、よい印象と共に深く人々の記憶に刻まれるのです。

フィギュアスケートの競技を引退された後も、プロフィギュアスケーター、スポーツキャスターなど、多方面で活躍され、幸せなご結婚もされました。

それほど似合う色を身につけるということは、自分の価値を上げてくれて、自信を持たせてくれて、幸せまでも招き寄せてくれるということなのです。

つまり、皆さんが、お客様にお似合いの色をご提案するということは、とても素晴らしいことで、その結果、お客様が美しく素敵になって得られた幸せは、またあなたのところへ感謝の気持ちとして戻って来るに違いないのです。

「似合う」を選んで差し上げることができるファッション販売の仕事は、とても尊いものなのです。

# 「好きな色＝似合う色」とは限らない

ここでひとつ、注釈を入れておかなくてはなりません。

**お客様の似合う色が、必ずしも好きな色と一致するとは限りません。**

すべての人にとって、「好きな色＝似合う色」であれば、これほど幸せなことはありません。しかし、お客様によっては、好きな色が似合わなかったり、逆に今までまったく興味がなかった色・好きでなかった色が、よくお似合いになる色だったりすることも、少なくありません。

私が行なっているパーソナルカラーカウンセリングでは、最初にお客様に、好きな色と嫌いな色を伺います。

先日お越しいただいたお客様は、好きな色がブルー系、嫌いな色が山吹色でした。

パーソナルカラー診断の結果では、単純なブルーでは顔色が青ざめて血色が悪く見え、元気のない表情になってしまうことがわかりました。こちらは苦手ゾーンに入り、気をつけたほうがよい色です。

そこで青系統の中でなら、緑みをおびたティールブルー（青緑）を選ぶことをおすすめしました。この色ならば、顔の色が青ざめ過ぎることなく、ブルー系がお好みという理由でもある、すっきりした印象もキープできます。

このように、**少し目線を変えるだけで、苦手系の色の中でも着こなせる色が隠れているもの**。好きな色をすべて否定する必要はないのです。

そして、こちらのお客様は、むしろ好きではなかった黄みと深みがある山吹色のほうが、表情もにこやかに見えて、豊かな雰囲気を醸し出せることがわかりました。

好きでなかった色がお似合いだった場合、私は具体的にしっかりとお褒めすることにしています。もちろん、実際に美しくお似合いだからです。

褒められて嫌な気持ちになる人はいません。その場は照れていらっしゃっても、帰り路、思い返しながら、「そういえば以前にも、この色を着た時に褒められたことがあったわ」などと、少しずつ肯定的な気持ちに移っていかれるものです。この気持ちの変化を後押ししていきましょう。

つまり、考え方を変えると、こうなります。

**「好きな色だから着ている」という習慣のコーディネートだけでは、もったいないと**いうこと。

**視野を広く持つことで、もっとお客様の魅力を引き出してくれる色が見えてくる**のです。お客様自身はそれに気づいていないことが多く、あなたがそれをご提案してこそ、新たなサービス、あなたのスキルの向上、ステップアップにつながるのです。

似合わない苦手な色だと気づかずに、そのまま装うのと、苦手だと知って、それをカバーしながら装うのとでは、まったく印象が違ってきます。

あなたがお客様に色を提案する際も、そのあたりを察して、「似合わせる方法」を修得していただきたいのです。

# パーソナルカラーは色だけではない

「似合う」を見つけるシステム、パーソナルカラーはその名称からも、色に関わる情報しか扱わないのではないかと誤解をしている人が多いようです。

しかし、それはとんでもない間違いです。

人間は肌や髪や唇に「自分の色を持っている」とお話ししてきました。

もちろん、そこが核になるのですが、それと同じように「自分の形」「自分の質感」も私たちは持っているのです。

ですから、色と合わせて、形・質感も見極め、要素として分析していくのです。

形（フォルム）に注目すると、

**細身の方・ふくよかな方**
**すらりと長身の方・可愛らしいイメージの小柄な方**
**体の厚みが薄い方・厚い方**
など、その形はさまざまです。

皆さんもお客様を観察し、フィッティングのお手伝いをされ、お客様に触れる機会に感じることではないでしょうか。

「形」を分析要素に取り入れると、より「似合う」の選択が深まり、お客様のスタイルをよりよく見せることが可能になると。

**襟の形も、ラウンドネックが似合うのか、Vネックが相応しいのか。**
**袖も、パフスリーブが似合うのはどんなスタイルの方なのか。**
**ギャザースカートとタイトスカートではどちらがしっくりくるのか。**
今まで何となく判断していた、このようなポイントをこれから明らかにしていきます。

もっというと、形と色は影響を及ぼし合っていますから、

**丸顔さんだからこそ似合う色**
**シャープな目元をお持ちだからこそ選ぶべき色**
があるということです。

見落としがちですが「質感」を探ることも大切な要素です。

**肌の輝き具合、髪のツヤ感**も質感ととらえます。

ツヤ肌の人と、乾燥肌の人でも、ファッションアイテムにご提案する質感を選び分けることができます。


例えば、**ファンデーションを選ぶ際に、つやつやと輝くグロッシーなタイプを選ぶか、ピタッと肌につくマットなタイプを選ぶかの違い**と思えば、身近でわかりやすいのではないでしょうか。

また、革のコートを選ぶ際に、光沢のあるツルツルの表革にするか、ザラッとしたマットで触り心地も手応えのあるスウェードを選ぶべきかという選択です。

さらには、パーソナルカラーは、人の「似合う」を見つけるだけのシステムではありません。

**ヒト・モノ・コト。**

**その内面・外面。**

あらゆるゾーンに当てはめて、掘り下げて、その特徴を分析できる奥深いシステムなのです。

# パーソナルカラーシーズンに分けられなくても「似合う」は見つかる

ファッション業界においては、まだまだパーソナルカラーの知識が広まっていません。
むしろ積極的に取り入れてはもらえていないと感じています。

それでも、似合う色のタイプで**「4つのパーソナルカラーシーズン」**

**サマー（夏タイプ）**
**ウインター（冬タイプ）**
**スプリング（春タイプ）**
**オータム（秋タイプ）**

に分類されるといった内容は聞いたことがある、という方も少なくないでしょう。

「ファッション販売」にとって、とても重要な、「似合う」を見つけるシステムであるにもかかわらず、大手を広げて取り入れられていない……。

それはなぜなのか、その理由も考察することができます。

各ブランドでは、スタイル志向が個性として打ち出されているので、お客様を4シーズンで判断して、それに当てはめてご提案すると、商品ラインナップが偏ってしまうこと。これが一番の理由でしょう。

お客様が明るく澄んだイエローやオレンジやアップルグリーンが似合うとわかっても、ショップのテイストがクールスタイリッシュで、モノトーンのバリエーションが豊富で、ビタミンカラーはほぼ商品にないとなれば、ご提案できるはずもないと思ってしまうのも仕方ありません。

また、せっかく、お客様が好きな色を買おうとしているのに、パーソナルカラーに合わない、似合わない色ですよと知らせることで、購入を止める必要はありません。

お客様の好きという気持ちも大切。もちろん、売上も重要。どちらも理解できます。

また、そもそも、ドレープ（パーソナルカラー診断をする際に用いる約100～120色余りあるカラー見本布）を使って診断するノウハウも時間も場所も、確保するのは難しいものです。

このようなことが、パーソナルカラーの考え方がファッション販売に活用されていない原因だと考えられます。

だからといって、「似合う」を見つけるヒントが満載のこのシステムに蓋をしてしまうのは何とももったいないことです。

ブランド企業サイドは、自己防衛的に舵取りを否定方向へ取っていたとしても、現場のファッション販売員の皆さんは、じわりじわりとパーソナルカラーの知識を得たいと、その必要性を感じているように、私は思います。

だからこそ、今、この本を手に取っていただけているのだと。

私がパーソナルカラー診断の一環として、同行ショッピングでお客様をショップへお連れし、お似合いのアイテムを選び、お客様がフィッティングルームから出てこられると、そのショップの販売員の方々は、「うわぁ～！　本当によくお似合いです！」と素に戻った表情・声で感心してくれます。

きっと、この瞬間、「似合う」を見つける知識を自分自身も修得したいと思ったに違いありません。

その知識を身につけられたら、もっとコーディネートに自信を持って、お客様との会話も楽しく、いきいきと接客に臨めることは間違いないのですから。

そこで、発想を切り替えていただきたいのです。

ファッション販売員の皆さんは、私のようなパーソナルカラリストではないので、必ずしもパーソナルカラー診断を確実にできるまでのスキルを、100％修得する必要はないのです。

ハードルを高く上げ過ぎて、尻込みしてはいけません。

「お客様はサマーさんです」「スプリングの色が相応しいです」などと言い切らなくてもいいのです。**専門知識の少し手前でも十分。それがひとつずつでも得られれば、もう明日の接客から使ってみることができるのです。**

あなたの必要と努力に応じて、「似合う」を選ぶノウハウのスキルを上げていくことができます。

そもそもパーソナルカラーは、血液検査のように、この要素さえ検査すれば、それで物理的にA・O・B・ABに分類されてしまうシステムとは異なります。

後述していきますが、人が持っている色・形・質感、さらには生活環境・職業・嗜好・内面性などの細かな条件の積み重ねから、診断がくだされるものなのです。

ですから、「似合う」を選ぶ力を身につけたいと思う、あなたのその気持ちを大切にしてください。

すべてをパーフェクトにこなさなくてもいいのです。

1つでも2つでも具体的なポイントが見えてくれば、あなたの自信につながります。

その積み重ねがあなたの宝物になります。

また、その「似合う理由」を接客トークに活かしてみましょう。新鮮な言葉でお客様の気持ちをハッと驚かせて、心をつかむことができるようになります。

すると、あなた自身も心から自然に「お似合いですね」と声をかけることができるようになるのです。

Column 1

## 美容師さんにも活用していただきたい「パーソナルカラー」

本書は、ファッション販売員さんがお客様に似合う商品を選べるように、そして表現の幅が広がることを目的に書き進めていますが、読者対象はその限りではありません。美容業界でも「私に似合うヘア・メイクを！」と要望されるお客様のニーズが高まっています。パーソナルカラーについてもご存じのお客様が増えてきていますので、より具体的な提案力の強化が必要になっています。

私は、日頃から美容師さんへ向けても、パーソナルカラー講習を実施しているので、私から「似合う」の見つけ方を学んでくださった美容師さんもたくさんいらっしゃいます。

基本的に似合うヘアカラー・メイク・ネイルを見つける方法と、似合うファッションを見つける方法に大きな違いはありません。お客様の特徴をとらえるポイントなど、本書からぜひ学び取ってください。

また、美容師さんの中でもヘアカラリストと呼ばれる、カラーに特化した方はもちろんのこと、ヘアをカット・アレンジするスタイリストさんにもぜひお読みいただきたいのです。なぜなら「色」と「形」と「質感」は密接にかかわっており、素敵に似合うヘアはそのトータルの完成形だからです。

またお客様に、洋服とヘアスタイルも合わせて、トータルに美しく輝いていただくためには、ファッションと美容、いずれの業界へ向けても、この「似合う・似合わせる・パーソナルカラー」の知識を広めることが必要不可欠であり、それが私のライフワークなのです。

Part
# 2

# お客様のココを見れば「似合う」が見つかる

# パーソナルカラリストとしての日常

世に存在する人々が皆、肌の色に違いもなく、髪の色も同じで、そっくりな顔をしていたらどうでしょうか?

それでは個性のない、つまらない世界ですね。

にっこりほほえむ素敵な笑顔が人の数だけ違うのは、それぞれが、違う肌の色、髪の色、頬の色、顔の形を持っているからなのです。


**「よい悪い、美しい・そうではない」ではありません。**

それが、私たちそれぞれにとても大切な**「個性の素」**なのです。

ですから、これからお客様の「似合う」を見つけるために、私が具体的に人それぞれの特徴を述べていきますが、そのどれもが魅力的な特徴であって、決して否定したり、短所であると述べているわけではありません。その点を十分にご理解ください。

あなたも接客の際に、そのことをしっかり心根において、お客様に接してくださいね。

私は人に似合う色を見つけることを仕事としていますので、恐縮ながら、常に人を観察・分析させていただいています。

初めてお会いするお客様
昨日、授業で教えた生徒さん
お洋服をすすめてくれるファッション販売員さん
ヘアスタイル・カラーを仕上げてくれる美容師さん
レストランでカウンター越しに見えるシェフ
テレビや映画で見る俳優さん
汗を流して集中しているスポーツ選手

いつでもどなたでも、しっかり観察・分析しています。

その分析の積み重ねから、人の「似合う」が見えてくるのです。

では、私は具体的にどんなところを分析しているでしょうか。それは、**それぞれの人が持っている「色」「形」「質感」と呼ぶべき部分**なのです。

それでは、あなたがお客様のこの要素をどんなふうに、どう見分けていくべきなのかを、このＰａｒｔでお話ししていきます。

# 比較の「ものさし」は、自分とスタッフ

これからお話をしていく項目は、何かしらの基準・比較対象が存在することでわかりやすくなります。自分もそうですし、人に説明する時も同様です。

まずは、各項目を**あなたと同僚のスタッフでチェックし合ってください**。

毎日、店舗で顔を合わせていても、「似合う」に関わる肌の色や瞳の色など、まじまじと観察し合ったことがないでしょう。

ですから、その予備練習をスタッフと行なってみましょう。

そうすることで、自分の経験値が上がり、お客様へ応用する時の不安も解消され、自信も湧いてくるというものです。

そして、経験を重ねることで、やがてお客様だけを観察して、容易に判断できるように成長していけるのです。

# お客様の身体の「色」を分析して似合う色を見つけましょう

## ❶ソフトな肌とハードな肌

まず第一歩目は、お客様の肌色の明るさに目を向けてください。

カラーセミナーやカウンセリングの際、私は「お肌の色を見せてください」とお客様にお声がけをします。

すると、

「私は赤みがあるので……」

「典型的な黄色人種です」

などとおっしゃるお客様がいらっしゃいますが、まずここで注目するのは、肌が赤い・黄色いといった色みではありません。

俗に「色白」「色黒」などといいますが、**お客様の肌色が白っぽいか黒っぽいか**がここではポイントになります。

**白っぽいことで柔らかくも感じられるので、「ソフト肌」、黒っぽいことで強くしっかりして感じられることから「ハード肌」**と呼ぶことにします。

もちろん分析のためには、あなたやスタッフの肌の色を比較対象として大いに使ってください。

「私と同じくらいの色白感だわ」

「スタッフの○○さんより、さらにハード肌のお客様だわ」

といった具合です。

さて、ここで改めて「似合う」の定義です。

幅広くいえることなのですが、**「似合う」というのは、髪・瞳・肌・頬・唇の色といったその人が持って生まれた色と、同じような性質を持った色が調和する**――それこそが「似合う」ということなのです。

それは色のみならず、「形」「質感」にも同じことがいえます。

つまり、やさしい**色白なソフト肌の人には、白や明るいベージュ、グレー、パステルカラーなど、白っぽい色がその軽やかで柔らかい肌に調和**します。

そのお肌の持つ明るい柔らかさが、なお一層引き立つのです。

白シャツ、パステルカラーのニット、杢（霜降り）のライトグレーのカットソーなどが定番としておすすめしやすいアイテムですね。

一方、**ハード肌の人には、ネイビー、ブラウン、ボルドーといった重みのある色のほうが深みのある肌に似合いやすい**ということです。

同じデザインで、複数色展開のアイテムの場合、深い色をおすすめしたほうが似合います。落ち着き、重厚感がリッチ感につながります。

しかし、ハード肌の人の中には、白いものを着たほうが、自分自身が色白になったような気がするとの理由で、明るい色を選ぶ方もいらっしゃいます。

しかし、それは正解ではないのです。

**ハード肌の人が、安易に白っぽいものを選ぶと、余計に肌の色が暗く見えてしまうのです。さらにせっかくのお洋服も安っぽく見えてしまいます。**

## 「似合う色」とは？

**私たちが持って生まれた色・形・質感の特徴**

- 髪
- 瞳
- 肌
- 頬
- 唇
- 顔型
- 体型

＋

**同じような特徴を持った色・形・質感**

- 洋服
- アクセサリー
- ヘアカラー
- ネイル
- メイク
- 小物

など

↓

**調和する**

（魅力が引き出される）

↓

**似合う**

＝

それが「パーソナルカラー」なのです

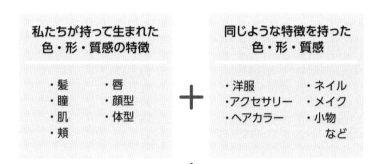

ここで注意を加えておきますが、ソフト肌さんもハード肌さんも、それ自体が個性であり、いずれもチャームポイントなのだということを忘れないでくださいね。

身体の特徴をとらえながら「似合う」を見つけていきますが、それはお客様の「チャームポイントを探す」という行為そのものなのですから。

## ❷ベースカラーの大分類をマスターしましょう

Ｐａｒｔ１「パーソナルカラーの考え方」にも書きましたが、似合う色を見つけるためには、パーソナルカラーの基本になる「ベースに青みが含まれている色なのか、黄みが含まれている色なのか」を感じ取り、理解しなくてはなりません。

これはお客様の特徴を分析するためにも必要ですし、商品を分類するためにも絶対に必要な知識です。

それでは、このベースカラーを見分ける練習に、楽しんでトライしてみましょう。

まずは例題でポイントをつかみましょう。

ワインの赤は、青みを含んだブルーベースのクールな赤。一方、神社の鳥居の朱赤は黄みを含んだイエローベースのウォームな赤ということは前述しました。
そして、クリスマスのヒイラギのすっきりクールな緑はブルーベースの緑、若葉のフレッシュな黄緑は黄みをたっぷり含んだイエローベースの緑です。
少しコツをつかめましたか？

では、問題です。○○に、ブルーかイエローを入れてみましょう。

問1　ラズベリーの赤は○○ベースである
問2　バナナの黄色は、○○ベースである
問3　豆乳の白は、○○ベースである

いかがでしょう。答えられましたか？

解答&解説をいたします。

問1→ラズベリーの赤は青みを含んだブルーベースの赤です。
参考：トマトの赤は、黄みを含んだイエローベースの赤です。

問2→バナナの黄色は、たっぷり黄みを含んだイエローベースです。
参考：レモンの黄色はクールで涼やかなブルーベースです。

問3→豆乳の白は黄みを含んだクリームっぽい白で、イエローベースです。
参考：牛乳の白は黄みを含まないすっきりクールなブルーベースの白です。

このベースカラーの見分けができるようになれば、あなたのカラーセンス自体がよくなるのですから、一石二鳥の学習です。

意識をすることで上達していけますから、日々、目の前にある色たちを楽しみながら見分ける練習を繰り返しましょう。

## ❸イエロー肌？　ブルー肌？　商品に手を伸ばすお客様の腕の色を見比べてみよう

ベースカラーの分類法をマスターしつつ、実際にお客様の「肌の色」をチェックする方法も学んでいきましょう。

セミナーをしていると、次のような質問をよく受けます。

「先生！　ズバリ簡単に似合う色を似つけるためには、どこを一番に見ればいいのですか？」

本書を手に取りながら、この質問に答えているページをお探しの方もいるのではないでしょうか？

その答えは、ひとつだけではありません。

今お話ししている一つひとつのことが大切で、その積み重ねと、それぞれの組み合わせで、「圧倒的に似合う」に到達できるのです。

ただ、本項目の「肌」がとても重要であることは間違いありません。

なぜなら、私たちの身体を占める色の中で、一番面積が広いのですから。

では、その重要な肌の色の見分け方について掘り下げましょう。

私たち日本人は東洋人・黄色人種ですから、白色系欧米人の肌の色に比べると黄みが強いのは当然です。これは私たちがカロチンという色素を皮膚に多く持ち合わせていることが要因です。

その中でも、ローズから青みすら感じるローズベージュ・ブルーベージュ肌の「ブルーベース」の人と、青みの代わりに黄みがしっかり入っているイエローベージュ・オークルベージュ肌の「イエローベース」の人に分かれます。

同じベースカラー同士の色は調和するので、お客様の肌の色が分析できれば、

**ブルーベースの人は、青みを含んだクールな色がよく馴染む**
**イエローベースの人は、黄みをたっぷり含んだウォームな色が似合う**

ということがわかります。

そこで、あなたが取り組むべきなのが、肌色をブルーベースとイエローベースに見分けることです。

まずは巻頭カラー12～13ページの「パーソナルカラー4シーズン　顔色イメージ見本」

の肌の色をご覧ください。

ブルーベース側は、ベースに青みを感じ、ローズ系〜ブルー系と、黄みが弱く赤みがあってもすっきりクールに感じられる印象です。

イエローベース側は、一見ベージュ系の濃淡に見えますが、ベースに黄みを感じ、明るいほうからイエロー系〜オークル系へのバリエーションがあります。暖かいウォームなニュアンスを感じ取ってください。

また、もともと肌の色には黄みがありますが、さらに黄みがしっかり含まれていればウォーム、それほどの黄みは含まれず、むしろ静脈の青みや、毛細血管の赤みがローズ色に現われるとクールに感じられると考えるといいでしょう。

その肌の色をあなた自身やスタッフと共有しながら、イメージを頭に刷り込んでいきましょう。

そしてお客様の肌の色と見比べて欲しいのです。

ぴったり一致しなくても、どれに近いか、という方向性でいいのです。

はじめはわかりづらくても、何人ものお客様を見比べているうちに、違いが徐々に理解できてきます。根気よく続けましょう。

**最も肌色チェックをすべきところは顔**なのですが、あいにく大抵の女性のお客様はファンデーションを塗られています。これでは、分析するべき本来の肌の色みがわかりづらいでしょう。

そこで、**ファンデーションが正しく選択されている場合は、首元と自然な調和を感じます**。その場合は、顔の色イメージをそのまま感じ取っていいでしょう。

しかし、ファンデーションに違った色みが使われている場合は、少々難解になります。

それでは、どこをチェックしたらいいでしょうか?

それは、**メイクされていない、首元や耳、胸元、手、足**などです。

まだファーストアプローチをする前の段階でも、お客様が商品へ手を伸ばした時、その腕の色をチェックしてみましょう。

あなた自身や、スタッフの肌の色と見比べながら、そのクール感、ウォーム感を読み取ってください。

## ❹ブルーベース・イエローベースの有名人

肌の色を分析する際に、細かな肌の色を見つめて観察することも大切ですが、大まかなイメージから気づかされることも多いものです。
「木を見て、森を見ず」にならないためにも、典型的なタイプの方を脳裏に刷り込んでおきましょう。
それぞれに合致する有名人の方々をご紹介します。ベースカラーをつかむのに役立ててください。

**【ブルーベースの女性】**

綾瀬はるかさん
広末涼子さん
黒木瞳さん
三人とも、やさしくて上品なイメージですね。
クールな肌色で、ソフトな白や水色、ラベンダーを涼しげに着こなせます。ワインレッドでさらに女性らしい品のよさが際立ちます。

**【ブルーベースの男性】**

羽生結弦さん
福山雅治さん
羽鳥慎一さん
男性でもどこかやさしくてすっきりした印象。
水色からネイビーまでブルー系がさりげなく似合います。白シャツや青みのあるピンク色のシャツが自然に着こなせます。それは肌の色みに黄みが少なく、涼やかな印象を与えるブルーベースさんだからなのです。

**【イエローベースの女性】**
菅野美穂さん
米倉涼子さん
萬田久子さん
アイボリーやベージュ、ブラウンが、イエローベージュの肌にほがらかに映えます。オレンジやゴールドでより輝く華やかさが増します。肌の色みに黄みが多いことにより、華やかで活動的な雰囲気を放つイエローベースさんです。

## 【イエローベースの男性】

錦織圭さん
本田圭佑さん
所ジョージさん
元気で活動的なイメージ。
暗い色のデニムよりも、ベージュやカーキのカーゴパンツがよく似合います。イエローやグリーンが生命力あふれるイエローベースの男性にぴったりです。

それから、男性の場合は面白いことに、ブルーベースとイエローベースで組まれているコンビが多数存在します。

ビジュアル的にも、お二人の個性の違いが明確になりますから、この組み合わせはバランスが取れたグループをつくるのにとても有効なのでしょう。

男性のほうがメイクをしていない分、肌の色を分析しやすいこともありますので、ここで学ばせていただきましょう。

【ブルーベース×イエローベースのコンビ】

とんねるずの石橋貴明さん（ブルー）と木梨憲武さん（イエロー）
東方神起のユンホさん（ブルー）とチャンミンさん（イエロー）
ピースの又吉直樹さん（ブルー）と綾部祐二さん（イエロー）

どのコンビもお互いの個性が際立って、その上で補い合い、存在感を増しています。特徴がはっきり出ている方々をモデルとしてイメージを頭に刷り込んでおくと、別の人のベースカラーを見極める際に、強い指針となってくれることは間違いありません。

## ❺チークの色は、ローズ系？　オレンジ系？

ローズピンクのトップスとオレンジのトップス。さて、目の前にいるお客様にどちらをおすすめするべきでしょうか？

どちらも暖色なので、女性らしい華やかさがあり、どちらを押すべきか悩みどころです。優柔不断なお客様の場合、ずるずると決断まで長引くことが懸念されます。

そこであなたが、お客様に似合うほうがわかれば、自信を持って「オレンジがお似合いです！」とおすすめできますね。

では、どこを見れば「似合う」がわかるのでしょうか？

もちろん、肌の色ですが、その中でも顔の「赤みが出ている部分」です。

つまり、**頬・唇などの赤い部分**です。

人の持つ赤みは、血液中の色素、ヘモグロビンによるものです。顔の赤みが強い人は、毛細血管の赤みが透けて見えているためです。

「似合う」を見つけるためには、例えば、頬の赤みは、ベースに青みを感じるいちごミルクや桜餅のような色の人と、ベースに黄みを感じるピーチカクテルやオレンジシャーベットに近い色の人を見分けるのです。

唇ならば、青みでクールなローズピンク色の唇と、黄みでウォームなサーモンピンク色の唇によって似合う方向性が変わってくるのです。

巻頭カラー12～13ページの頬・唇の色をご覧くださいね。

やはり、ブルーベースの赤みには青みを感じ、イエローベースの赤みには黄みを感じます。

つまり、この赤みと同じベースを感じる洋服の色を合わせると、とても心地よい調和が生まれ、素直に似合うと感じられるのです。同じ仲間同士は馴染み合うのです。

いきなり人の赤みを見分けることなんてできないわ、と思ったあなたへ。大ヒントです。ならば、お客様のチークの色、そのものを探ってみましょう。

チークの色！　そう思うだけで違いがわかる気がするでしょう。

**「このお客様はオレンジ系を塗っているけれど、浮いて見える」**とか、**「ローズピンクのチークがぴったりお肌に馴染んでいる」**といった分析です。

その**自然な馴染み感が、「似合う」という基本の考え方**なのです。

さあ、明日はお客様の頬の色に注目しながら、接客してみましょう。

## ❻手の平を拝見してみましょう

人の持つ赤みの話の続きです。

皮膚の薄いところ、メラニン色素が少ないところでは、赤みが見えやすくなります。日焼けにはメラニン色素が関わっているということは、あなたもご存じでしょう。そこで、**日焼けをしない手の平にはメラニン色素が極端に少なく、赤みを観察するには望ましい部位なのです。**

コロコロと色が変わりやすい部位でもあるので、じっと落ち着いたところを観察しなくてはいけませんが、顔よりは赤みを冷静に比べやすいところです。

お客様との会話も盛り上がってきて、似合う色の話などができそうになってきたら、タイミングのいいところで、お客様の手の平を拝見してみましょう。

自分の手の平を差し出して、一緒に比べ合ってみるのです。そこには目も鼻も口もない、表情が感じられない部分なので、顔よりも純粋に色だけを分析しながら見ることができます。

さらに、この方法にはおまけ的なメリットがあります。**手の平を他人に見せるということは、かなりリラックスした精神状態を導きます。**心の内をあらわにする心理状態に近いのです。

あなたはお客様に似合う色を見つけたくて手の平を見せてもらっているのですが、同時にお客様の心の扉も開いたことになるのです。より素直にあなたのアドバイスをお客様が聞いてくださるようになるでしょう。

ここまでをまとめてみます。

手の平に感じられる色が、桜色の赤みや、プールから上がった後に感じられるような赤紫色なら、同じく青みを感じるクールなブルーベースの色が似合います。

手の平がみかんのようなオレンジや、サーモンピンク色なら、黄みを感じるウォームなイエローベースのカラーが似合います。

ただし、この方法には、ひとつ注釈を添えておきます。

みかんを食することが並外れて好きな方の場合、頬が淡いピンク系でも、手の平だけは真っ黄色の方が時々おられます。みかんに含まれるカロチンが手の平に現われているようです。この場合は例外として扱ってください。

## ❼髪色もコーディネートに取り入れましょう

今の時代、大抵の女性がヘアカラーをしている、もしくは一度は施したことがある時代となりました。

そのヘアカラーのバリエーションはさまざまです。

トレンドは明るめになったり、暗くなったり、移り変わりはあるものの、20～25歳あたりの若い世代においては明るくすることを望む傾向にあります。

さて、ではその明るい髪色はお客様に似合っているでしょうか？

あるいは、校則・職場基準に沿った極端に黒い髪では重過ぎるのではないでしょうか？

**髪は顔の額縁です。**

素晴らしい絵画も版画も額縁次第でイメージや値打ちがかなり違ってきます。なぜなら色は常にそれだけの単色で存在するのではなく、まわりのものと一体として見られているからです。ですから、ヘアカラー次第で顔も変化して見えてしまうのです。ヘアカラーが似合っているかどうか、イメージに合っているか否かはとても重要なのです。

そこで、あなたに思い出していただきたいことは、そう、「似合う」の基準です。髪は身体の中でも、一番暗い色の部分です。この色との調和が「似合う」のキーポイントのひとつなのです。その色を分析することで似合うベーシックカラーがわかってくるのです。

ジャケットやパンツ、スカートなどのベーシックなアイテムで、必ずご提案したい暗めのベーシックカラーのバリエーションは、黒やダークグレー・ネイビー、あるいは、ブラウン・カーキといったあたりです。この**ダークなベーシックカラーとして、どの色をおすすめするべきかは、髪色との調和がとても重要なヒント**になるのです。

本来、基準とするべきは、**ヘアカラーをする前の地毛の色**です。

しかし、あなたをはじめファッション販売員さんは美容師さんではありません。ですから、悩み過ぎないでください。

まずはお客様の髪色が地毛の色と近いのかどうか、髪が伸びてきている根元をそっと拝見して、現在の髪色との差を分析してみましょう。

現在のヘアカラーと方向性に大きな差がないようでしたら、後述するおすすめ方法を試してみましょう。

現在、地毛とかけ離れたヘアカラーを楽しまれている場合は、そのカラーが似合っているかどうかを判断しましょう。

好ましいと思われたら、「そのヘアカラー、お似合いですね。しばらくはキープされますか?」と、変える予定があるのかをお尋ねしてみるのもいいですね。洋服をヘアカラーとまでコーディネートしてくれるのだと、その心配りにお客様は喜んでくださるでしょう。

一定期間そのヘアカラーを楽しまれるのなら、「この髪色と相性がいいですね」という大前提のもとで、その色をおすすめするのも一案でしょう。

ただ、「本当に似合う色」は地毛との調和にあります。

地毛の色を観察することは、「『似合う』を見つける力」をアップすることにつながりますので、コツコツ努力することをおすすめします。

では地毛と似合う色についてお話ししましょう。

その**地毛が青みを感じるくらい黒い人や、赤みを感じるローズブラウンの髪色の人**には、**黒・ネイビー・グレーといったブルーベースのベーシックカラー**のファッションがおすすめです。

とくに真っ黒が本当に似合う人は、**地毛自体がそもそも真っ黒で、コシがあって、硬くて太い髪の方**なのです。こういう髪の持ち主が、まさに**「黒が一番似合う人」**なのです。

有名人を例にあげましょう。真っ黒でストレートでこしのある直毛が美しい女優の小雪さんには、漆黒のワンピースやジャケットがとても美しく映えます。ブラウンの洋服では切れ味に欠けて地味になるイメージがおわかりでしょうか。

このタイプの人は、真っ黒な髪色にしっかりブルーベースの**ハード感**があります。

真っ黒というより、**黄みを感じるダークブラウンの髪の人**には、**ブラウン・カーキといったイエローベースの基本色**を洋服に取り入れてコーディネートするのがお似合いです。

ダークブラウンのロングヘアがイメージとして定着しているシンガーの安室奈美恵さん。決して真っ黒の髪ではなく、赤みのブラウン髪でもありません。幅広い層に人気のある安室奈美恵さんは、ナチュラルなイメージが馴染むカーキやブラウン系がとてもお似合いです。黒を着られることもありますが、ウォーム系のカラーのほうが素直にお似合いだといえます。

中には**地毛がヘアカラーしたように明るい方**もいらっしゃいます。そのような方には暗い色より、**イエローベースの明るめのキャメルやベージュ**をベーシックカラーとしておすすめしてあげてください。

タレントのＹＯＵさんがこのタイプですね。明るくて**ソフト**な髪色のイメージです。黒や暗過ぎるブラウンでは、重たい印象になってしまいます。これらの方々も、今までは黒を選んでいて、たくさんのアイテムを持っているかもしれません。新しいご提案として、髪色と合わせた明るいベーシックカラーをおすすめできれば、説得力も上がります。

明るい色でとても柔らかい猫っ毛の髪のお客様に、硬い素材の真っ黒の洋服を「とてもお似合いです！」とすすめている販売員さんと出会うと、思わず「早く私のところへ学びに来てください！」と誘いたくなってしまいます。

脱・黒オンリー。

もっと、他のベーシックカラーをおすすめする、よきヒントにしていただきたいと思います。

そして、正しいベーシックカラーをおすすめできるスキルが身についたら、自信を持って接客できるあなたに成長できるのです。

## ❽アイコンタクトを取りながら、瞳の中をのぞいてみましょう

身体の中で髪以外の「黒い部分」というと、どこでしょう。そう、**目・瞳**です。

小さな部分ですが、この色や輝きが、「似合う」に影響を及ぼしているのです。

「目は口ほどにものを言う」といいますが、販売員との会話に億劫になっている状態のお客様は、言葉を投げかけても、あなたからの視線を避けがちではないでしょうか。

それでもこの小さな黒い瞳の部分が、似合うことに大切な要素なのです。

アイコンタクトを送りながら、お客様の瞳の中をのぞいてみましょう。

欧米人の場合、瞳が青や緑やベージュなど、個々人によってはっきり色が違いますね。これに対して、私たち東洋人は、皆一様に黒いと思っていませんか？

しかし、案外そうではなくて、**瞳が真っ黒の人のほうが少なくて、ブラウンの色み違いや明るさ違いの人がほとんど**です。

その中でも、ひときわ明るくて、瞳の模様が透けて見えるような透明感のある人もいます。

髪と同じく暗い色の部分ではあるので、髪色の分析と方向性は似ています。

**真っ黒に近く感じる瞳**の方の中には、白目も青く感じるほどすっきりしている方がいます。**クリアな印象**の瞳なのです。そんな瞳の持ち主は、その部分の色である、白・黒がとてもお似合いになりますし、白黒のコントラストがはっきりしているので、真っ赤やロイヤルブルーといった鮮やかな色もよくお似合いになります。

**穏やかなブラウンの瞳**の方には、その特徴の通り、鮮やかな色ではなくて、スモーキーな色や渋い色がおすすめです。つまり穏やかな色から漂う**落ち着き感**、**マット感**が、似合う色の特徴と一致するのです。

このタイプの方にビビッドな色をおすすめしても、最終的にお召しいただける機会が少なくて、商品がタンスの肥やしになる可能性も高いのです。

**透明感のあるガラス玉のような瞳**を持ったお客様は、明るいカラーがお似合いです。有名人ですと、タレントのベッキーさんが代表的です。テレビ画面を通してもその輝きがキラキラと届いてきますね。カラフルな衣装がいつもよくお似合いでしょう。

このような**クリアな瞳**を持ったお客様には、ぜひとも明るくて鮮やかな色をご提案しましょう。躊躇されていても、自信を持って押して大丈夫です。

翌日お召しいただければ、きっとまわりの人たちからも褒められて、次回のご来店の際には、「あなたにすすめていただいてよかったです」と喜ばれるに違いありません。

クリアに輝く色も、落ち着いたマットな色も、自分が持っている肌や瞳や髪の色と同じ性格の色に馴染んでいくのです。

その馴染みが「似合う」ということなのです。

## ❾お客様と鏡に入り込んでみましょう

ショップの同僚や先輩と、顔の色や瞳の色、手の平などのチェックをお互いに試してみましょう、とアドバイスしてきました。

色は比べ合うことで理解も深まり、納得感も得られるものです。

しかし、実際にお客様と接する際、あなたは一人で向き合わなくてはなりません。お客様のお顔だけを拝見していたのでは、迷いが生じるのも無理はないでしょう。

ブルーベース（クール）なのかしら？　イエローベース（ウォーム）のような気もする……といった堂々巡りがはじまってしまうかも。

そのような時も焦らなくていいのです。対処法を伝授しておきましょう。

さりげなく、お客様が洋服を合わせている鏡に入り込んでみましょう。

さらにぐっと近くに寄ってみましょう。

そして、**鏡越しにあなた自身とお客様の両方を眺めてみる**のです。

いつもなら、お客様の着こなしだけを見て、「お似合いです」とお声がけしているところですが、自分も合わせて、肌の色や髪の色を見比べてみましょう。

そうするとどうでしょう。お客様とあなたの色の違いが見えてきたのではないでしょうか。

私は美容師さんを対象にした「似合う色の見つけ方」セミナーも行なっています。美容師さんもファッション販売員のあなたと同じく、人の「似合う」を分析する力を身につけたいと願っている、最前線の仕事の人たちです。

そこでの面白い行動なのですが、彼ら彼女たちはいつも鏡越しにお客様と会話し、ヘアをカットし、カラーリングをしています。

ですから、セミナーで私がパーソナルカラーを診断するデモンストレーションをすると、鏡越しに、ことの成り行きを見やすい限られたスペースに集まってきます。私から一声かけないと、直接全体を見渡すことができる正面からの位置に立とうとしないのです。習慣とは面白いものですね。

あなたのようなファッション販売員さんの場合は、鏡越しのケースもあるでしょうし、お客様の真向いに立つケースもありますね。今お話ししているように、鏡越しにお客様を見るメリットもあるので、意識することが大切です。

さて、鏡越しにお客様と向き合ったあなた。

もう1つのメリットがあります。

それはお客様のためでもあるのです。あなたの持つ色とお客様の色を比べて説明すると、リアルにわかりやすいのです。

「お客様よりも私の肌のほうが黄みがありますよね。ですから……」
「お客様の髪のほうが、細くて明るいですよね。ということからも……」
「瞳の色が似ていますね……」

あなたが提案色を分析できるだけでなく、このようにお客様に説明できるので、説得力も増し、お客様も珍しい接客内容に視覚も伴って、「なになに？　ふむふむ」と耳を傾けてくれるでしょう。

このような「販売表現力」については、Ｐａｒｔ３で詳しく学んでいきましょう。

# 人もファッションアイテムも、「形」と「質感」を持っている

「本当に似合う」を見つけるためには、「色」だけではなくて、実は「形」と「質感」という目線でも分析することがとても重要です。

パーソナルカラーカウンセリングを行なう際も、名称に「カラー」とあるので、色についてのみ判断するのではないかと思われがちですが、そうではないのです。

その人が持っている形、ライン、シルエット、そして肌や髪から感じられる質感をもカウンセリングに取り入れているのです。

なぜなら、**世の中にあるあらゆる「モノ」は、「色」と「形」と「質感」から成り立っている**からです。そこをトータルに分析すれば、色だけでは解決できない「似合う理由」「似合わない理由」がさらに見えてきます。

セーターを購入する場合を例にあげてみましょう。

「色は何にしようか。ベージュにしようか。ブラウンにしようか。ボルドーもいいなぁ……」と無限に広がりますね。

首まわりもVネック・クルーネック・タートルネックとさまざまあります。シルエットもタイトなもの、ゆったりしたものがあります。これが「形」の違いです。

そして、「質感」はコットン素材の軽やかさ、ウールの厚み感、シルクの滑らかさ。その手触りイメージも着心地も異なってきます。

つまり、**選ばれるセーターにも、「色」「形」「質感」の要素がある**のですから、**そのセーターと相性がよい人というのは、その３つの要素がピタリと一致することで、「完璧に似合う」**となるわけです。

逆に考えると、**洋服とお客様の「色」の相性が悪いとしたら、「形」「質感」の要素を相性よく合わせれば、似合わせることも可能**だということです。

ここはぜひ、知っておいて欲しい知識です。

あなたには、ここにきちんと気づいて、「パーソナルカラーは似合う色しか着てはいけないというシステムなので、取り入れられない……」という誤解から解放されて欲しいのです。

限られたアイテムから、お客様に合った商品を提案しなくてはならない販売員のあなたにとって、かなり重要なポイントですので、見落とさないでくださいね。

# お客様の「形」に注目してみましょう

では、まずはシンプルに、単純に似合う形の要素を見つけていきましょう。

大前提として、似合う形の最大のポイントは、「自身が持っている形が、似合う、調和する」ということです。

例えば、プロポーションアドバイスにおいて、「丸顔の人は丸いものを身につけると、ますますその丸さが強調されるので、使ってはいけない」といった、極端な理解をしている方がおられます。

「色」の項目でもお話したのと同様に、「形」についても実はその人が持っている形は基本的に似合う「必要な形」であって、その人らしい個性を表現してくれる方向性なのです。

ですから、その**丸さを消すために、対極のシャープな形だけを身につけるのは、極端過ぎる発想**なのです。

これは、プロポーションアドバイスの盲点ともいえるでしょう。

例えば、あなたのお客様で「丸顔」の方々を思い出してください。丸という形から、可愛い、あどけない、やさしい、ふんわりした、などといった共通イメージがあるのではないでしょうか。

それも、年齢・性別には関係ないはずです。

例えば有名人なら、
歌手の西野カナさん
女優の大竹しのぶさん
がいらっしゃいます。さあ、お二人がご来店されました。あなたがコーディネートして差し上げましょう。

可愛らしさが魅力のお二人ですが、今回は「クールでシャープに見せたい」と要望されたとします。

直線的なハリのあるワンピースに、鋭角なトゥのピンヒールを履く、そんなアイテムをご本人がお気に召して選ばれたとしたらどうでしょう?

違いますよね。これでは、お二人の魅力が発揮されません。

では、問題です。

どこを直して差し上げれば、ご本人らしく、お似合いになるでしょうか?

答えはいくつも考えられますが、模範解答を紹介しましょう。

ポイントは、これです。

**どこかに、ご自身が持っている丸い形を取り入れる**ことなのです。

その1：大人っぽく装いたいということですから、ハイヒールは外せないとしても、トウを丸いものにします。それだけでも、丸顔さんには、ずいぶんやさしく馴染ませてあげることができます。

その2：シャープなワンピースの襟が、Vネックやシャツ襟だとしたら、丸いパーツが入ったネックレスやイヤリングなどをつけます。この方法もご本人の持つ形を取り入れることで、似合わせることができるのです。

つまり、どこかにご本人のチャームポイントの形を残すと、とても安定感が出て、調和が生まれるのです。

体型補正のラインアドバイスに、この考え方をプラスすれば、「さらに馴染んで似合う」に到達できるのです。

では、具体的に形を分析してみましょう。

## ❶顔の輪郭が分析の基本

まずは、顔の「形」を観察してみましょう。その人のイメージ発信において大きな位置を占めるものです。

**【丸顔】**

あごのラインが丸く、顔の縦の長さと横の長さの差が少ないタイプ。

赤ちゃんを、だれしもが愛らしいとイメージする理由は、同じくこの顔の縦横比率の差が少ないことも大きな要因なのです。

丸顔さんは、この可愛いイメージがチャームポイント。

とかく人は他人の芝生が青く見えがちです。

ですから、丸顔さんは鋭角的に大人っぽくシャープに表現しがちです。

しかし、着やせしたイメージを狙ってシンプル・シャープな着こなしを目指した日でも、全体を直線だけでコーディネートしてしまうのではなく、**どこかに少しだけでも愛らしい曲線を残す**と、馴染んで「似合う」に結びつけられるのです。


例えば、バッグやアクセサリー、時計を曲線のものにする。

パンプスのトウがとがったものではなくて、丸いタイプを選ぶ。

ジャケットの襟や裾は丸くカットされたものを選ぶ。

パフスリーブやギャザースカートを選ぶ。

などを意識することで、「似合う」につながるのです。

## 顔型と似合うヘア&スタイリング

鋭角襟のシャツが上手に着こなせます。ハリ・ボリュームのあるボトムスも得意アイテム

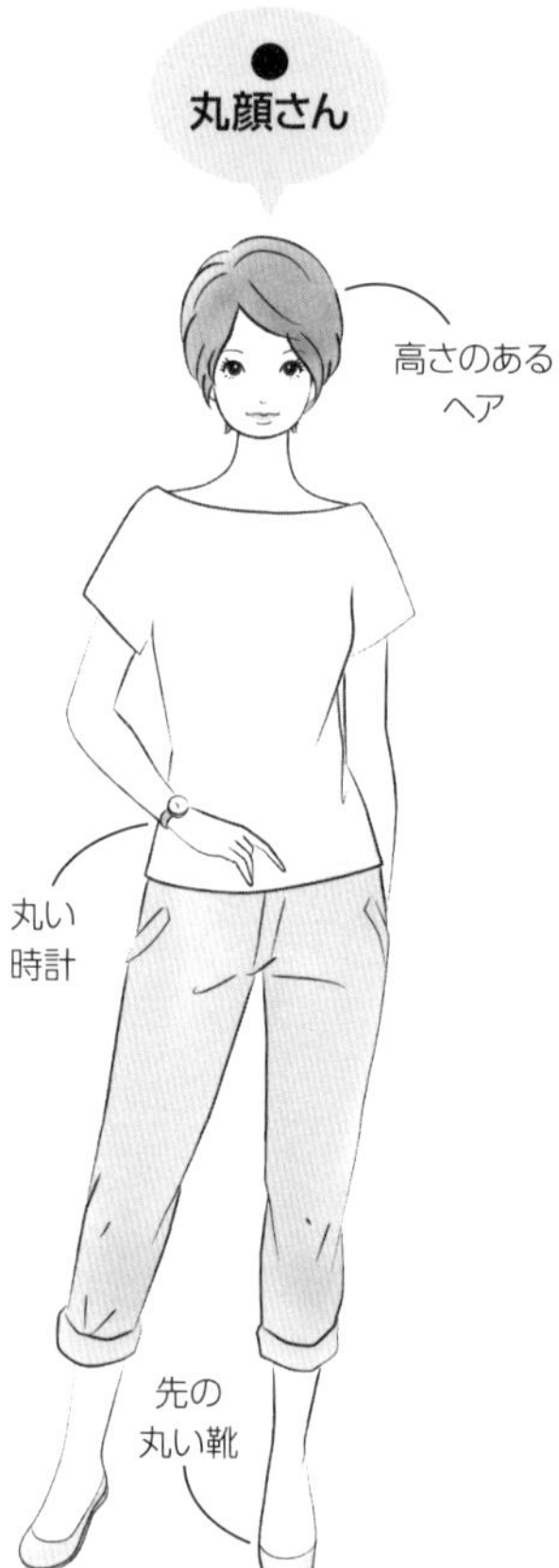


シャープなアイテムを着てもどこかに曲線のパーツを残す

トップス・ボトムスなどの長さが単調にならないようにリズムをつける

アシンメトリーや個性的なデザインを着こなせる

**【四角形顔】**

頭のハチも張っていて、なおかつエラも張っているタイプ。

丸顔さんとは逆です。**どこかにシャープな鋭角を残して**おきましょう。

顔まわりの髪型などで顔を甘くやさしく見せるとしても、全身に曲線が多くなるのは苦手です。このタイプは、**落ち着いた大人っぽさが魅力**なのです。

では、こんな方向で似合わせてあげましょう。

丸襟よりもVネックが似合います。

テーラードジャケットやシャツのコーディネートが得意。

バッグや靴もどこかにシャープなデザインが含まれていると馴染みます。

スカートもギャザーやバルーンのような曲線ラインより、タイトスカート、台形、ボックスプリーツのような直線からなる四角形シルエットが得意です。

パンツもカーゴ系のワークパンツが上手に着こなせるタイプですから、おすすめしてみましょう。

靴先も、丸い形よりも鋭角的なスクエアをおすすめしましょう。

**【逆三角形顔】**


とがったあご、頭のハチは張っているタイプ。

どこかアンバランスさを盛り込んでも似合うタイプです。

カシュクールの胸元、裾が斜めにカットされたスカートなど。

つまり、**左右非対称なアシンメトリーなデザインや、流れるラインの着こなし**ができる人です。


首まわりがすっきりしているので、タートルネックやボウブラウスも映えます。

単純に丸い印象を残すアクセサリーよりも、定番ではないデザイン性の高いものを着こなせます。

靴も高めの細いヒールが似合うタイプ。

全体的に甘いだけではなくて、少しスパイスをきかせるご提案をしてみましょう。


**【面長】**


顔の横幅が狭くて、縦が長いのが面長さんタイプ。

しっとり大人っぽいイメージですが、さびしくも見えやすいですね。

バルーンのような極端に丸過ぎるラインは苦手です。

やはり顔型のイメージに合う**やさしいライン**が得意です。


ミニスカートよりはやさしく裾が広がっているロングフレアスカート。

極端に短い丸襟ジャケットやボレロ丈のニットより、ベーシックな丈感のトップス。

ただし、**トップス・ボトムスなどが単調な長さに分断されないようにリズムをつけましょう。**

深く開いた胸元より、タートルネックやシャツ襟がお似合いです。


笑っている時も、真剣な表情の時も、その顔型はお客様が持っているひとつの「形」です。

つまり、その顔の形をファッションのどこかに活かしていくと、お客様のチャームポイントを素直に活かすことができるのです。

すると、とても自然に「似合う」につなげていけるのです。

お顔の形を見分けるだけでよいのですから、簡単にご提案できますね。

ここで注意が必要です。

極端に何箇所もその形を用いたり、強調したりすると、欠点のように目立たせてしまうことがあります。

あくまでもさり気なく、少ないアイテム数を守ってください。

さて、鏡をのぞいてみましょう。あなた自身も自分の顔の形に気づいていますか？

## ❷顔の中の各パーツにも「似合う」のヒントが隠れている

前項でお話した顔の形ですが、その顔の中にさらにパーツがありますね。**額・眉・目・頬・鼻・唇・あご**などです。

小さな部分ですが、それこそお客様それぞれに特徴があります。

もしかしたら、あなたがお客様のお顔を覚えるヒントにしているかもしれません。そこが、実は見逃してはいけないポイントなのです。

その特徴はどんな形をしていますか？　その形やラインがお客様の持っている形そのものなのです。

その形を、ファッションアイテムの形とリンクさせると、似合うにつながるのです。

例えば、

くりくり**真ん丸い瞳**が可愛いA様。
きっと**丸襟**が似合ったり、**ドット柄**が得意なはずです。
丸いフェイスの時計もおすすめしてみましょう。
シンプルなスタイルの時こそ、アクセントに「丸い形」を使うことをおすすめします。

**鼻が直線的でしっかり高い**美人のB様。
**シャープなデザイン**のジャケットやパンプスの、クールなスタイルがぴったりです。
**とがった襟**のシャツデザインも似合います。
オフスタイルの素材が柔らかいカットソーには、**直線ストライプ**が入ったものをご提案できそうです。

さあ、これからは、接客をしながら、もっとお客様のパーツの形を観察してみましょょう。明日、お客様にお会いするのが楽しみになってきましたね。

そして、気心が知れたお客様には、商品をご提案する際に、その理由を説明するのもよいでしょう。接客トークの幅を広げることに役立ちます。あなたのオリジナリティが活きてきます。

「そんなところまで見ていてくれたのか」と喜んでくださるかもしれません。

ただし、その場合にしっかり心の中で認識していて欲しいのは、**あくまでも、その形がお客様の長所、チャームポイントだという意識**です。

鼻が丸い可愛い女性。

すっきりとした目元が知的できれい。

薄い唇がクールビューティ。

と、「形」と長所を具体的にイメージしておきましょう。

これをあなたから、お客様への賛美の信念としてしっかり持っていてくださいね。

そうでないと、逆効果になり、もったいないことになります。

あなたは、お客様の魅力を見つけてあげたいと思っているのですから。

## お客様の顔パーツの形からのご提案

### 目・鼻・あごなどが丸い人へのご提案

★アクセサリーに丸いものをご提案

★インナーをラウンドネックにする

## 目・鼻・あごなどがシャープな人へのご提案

★バッグやパンプス、アクセサリーなどにシャープなデザインをプラス

★素材を張りのあるものにチェンジ

## ❸洋服は肩で着る

洋服は、ほどよくしっかり肩があり、胸がふくよかにふくらみ、ウエストがくびれ、ヒップの丸みを主張し、高い腰位置から長い足が続くことが美のラインといえます。そのしなやかな曲線が、より高い位置からはじまっているように視線を固定して安定させるのが、肩の役割でしょう。

これとは対極のラインを描くのが、私たち日本人の民族衣装である和装・着物ですね。和装をきれいに着こなすには、細い人には胴に補正のタオルなどを巻いて、あえて体の線の凹凸をなくし、寸胴に仕立てて着つけていきます。

洋装に慣れた私たちには不思議な方向性ですが、やはり、和装はこの筒型ラインが美しいのです。肩もなで肩で、肩口がそれとは気づかないくらい滑らかに袖の線につながってゆく。この線が和装の美しさですね。

ここでは、洋装を着こなす際の、「お客様の特徴があるからこそ似合う」という考え方のもとで、肩のスタイリングについてお話ししましょう。

とくにブライダルカラーカウンセリングでドレスを選ぶ時、肩のお悩みについてよくご相談を受けます。お客様に安心と自信を提供するためにもこの知識は必要ですね。

**【肩幅が広い・いかり肩】**

**ストラップやキャミソール型のロングワンピースやドレス、ジレ・ロングベスト**など肩にかけて、そこから下へ流れるラインを描いてゆくデザインものは、とくに長身の方におすすめです。肩幅があるからこそ、スタイリッシュな個性を引き出すアイテムを着こなせます。

**首から脇へ向けて斜めラインを描くホルターネック、アメリカンスリーブ、ラグランスリーブ**などは、誤解されていることが多いのですが、実は肩幅がある人のほうが上手に着こなせるデザインなのです。なかなかお似合いになる方が少ないアイテムなので、その希少性をトークに交えて、自尊心をくすぐってあげたいですね。

またアクセサリーにおいても、**ロングネックレス**を使えば、視線を肩から中心へ引き寄せる効果があります。長く垂れるV字によって縦ラインを強調できるということです。

あわせてご提案すれば、売上アップにもつながりますね。

前述した通り、そもそも洋装は肩で着こなすものですから、**襟つきのテーラードジャケットやフードつきブルゾン**のように、肩で支えるシルエットのデザインも得意です。ベーシックアイテムとしておすすめしてみましょう。

**【肩幅が狭い・なで肩】**

肩がなだらかな線を描くタイプの方には、**横方向へやさしいラインを描くデザイン**がお似合いです。

まず、**パフスリーブ**をおすすめします。可愛いイメージがピッタリなのですが、肩幅を広げて見せてくれるメリットもあります。

**オフショルダー**も肩口で目線が左右に動くことで、肩幅が広く見えます。そもそもの肩ラインがやさしい形なので、シャープなイメージにならずに優しくオフショルダーを着こなせるのです。

ブライダルドレスにもよく登場しますが、オフショルダーによってクラシックなニュアンスが表現されているドレスを、なで肩さんこそが上手に着こなせるということです。

**ネックレスは短め**がお似合いです。ロングネックレスで目線を下に下げる動きをつくらないことが正解です。

カジュアルでは**ボートネック、ボトルネック**といった横ラインを強調するデザインがおすすめです。

もともと肩線が降りているので、ショルダーバッグがずれ落ちてくるのが悩みのなで肩さん。そんななで肩さんには、「**おしゃれなハンドバッグ**を持つほうが全身シルエットもきれい！」と私は唱えています。

悩みを強みに変えることができます。便利なうえに肩ラインが崩れない正しいスタイリング。なで肩さんがお越しになったら、ハンドバッグをおすすめしてみましょう。今はおしゃれなデザインのものがたくさん出ています。

肩の形を分析することで、意外な商品もおすすめできます。セット売りで売上もアップできます。

お客様も気がついていない新たな発見を、商品と共に提案して差し上げましょう。

## 肩の形で「似合う」を見つける

### ▷肩幅が広い　▷いかり肩

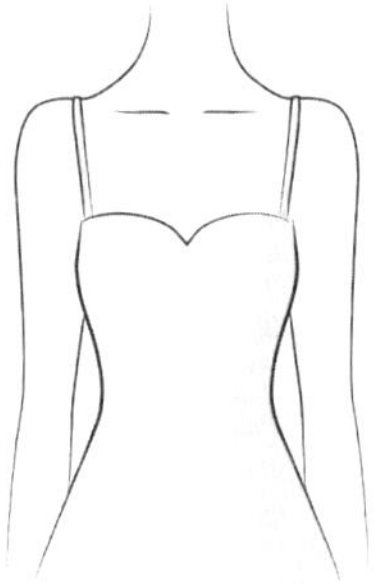
キャミソール

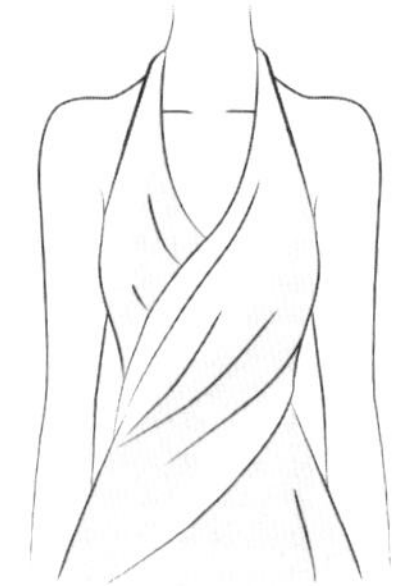
ホルターネック
（アメリカンスリーブ）

ロングネックレス

### ▷肩幅が狭い　▷なで肩

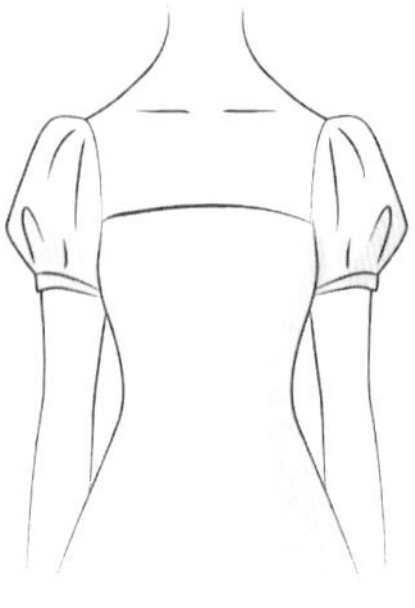
パフスリーブ

オフショルダー

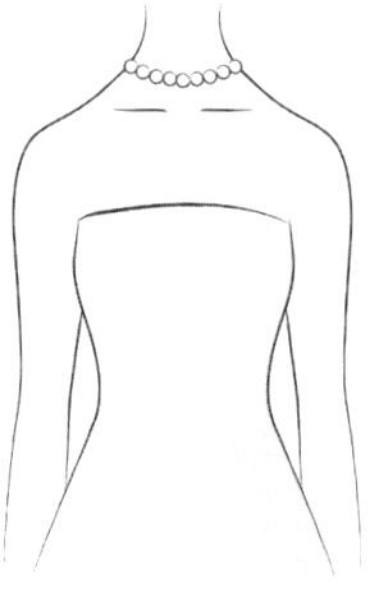
ショートネックレス

## ❹ボトムスは腰ではく

腰の形も素通りできません。

骨盤からヒップラインにかけて感じられる形をとらえてみてください。

ふんわりしたスカートの上からだとわかりづらいかもしれませんが、タイトなパンツスタイルの時、柔らかい生地などでヒップラインが見えやすい時に、分析してみましょう。

**【骨盤が横に張っていて、四角く感じるタイプ】**

横の張りに強い**安定感のあるスタイル**が似合います。そこが長所です。

裾に向けてボリュームのあるワイドパンツや、**ワークパンツ・カーゴパンツ系**などが得意です。長さも出すことで、横よりも縦長の形を強調することができて、スタイルがいい印象を与えることができます。パンツの裾が広いことで、腰まわりがそれよりも細く見えるという目の錯覚がきくのです。

スカートはギャザーで腰まわりをふくらませるよりは、**タイトスカートできりっと直線をきかせたほうがお似合いです。あるいは台形を描くミディアム、ロングスカート、**

**マキシ丈**もおすすめです。

丸い形ではなくて、自分自身の持っている形、四角もしくは長四角が似合うということなのです。

**【骨盤の張りよりも、ヒップに曲線があるタイプ】**

後ろに丸みがあるので、**ストレートやスラックス、ブーツカットのパンツ**をきれいにはきこなせます。デニムも女性らしいヒップを活かしてはきこなすことができます。**トップスとのアレンジがききやすいボトム**ですから、他の分析ポイントとも照らし合わせてみましょう。

シャツと合わせて、シンプル・クールなイメージに仕上げるのもいいですし、甘めのフリルトップスを選び、シンプルなボトムと合わせて、大人キュートなイメージをつくり上げることも可能です。

スカートの場合も、**すっきりセクシーにタイトスカート**をはきこなすのが一番お得意。メリハリをつけた着こなしがお似合いです。だらりとした素材でしなやかに流れ落ちるようなラインは苦手です。

ヒップの丸みをチャームポイントとして活かしましょう。

## ❺基本の体型は、コッペパン型？　食パン型？

次は身体の厚みに注目しましょう。

楽しく覚えられるように、パンのフォルムイメージになぞらえてみます。

**厚みがあると感じるタイプを「コッペパン型」**と呼びましょう。コッペパンのように丸くて厚みがある体型です。

**薄いと感じるタイプを「食パン型」**と分析します。スライスした食パンのように、身体にあまり厚みがないタイプです。

この2分類でしたら、そう難しく考えずにお客様の特徴をとらえることができるでしょう。

**「コッペパン型」の人は、ハト胸傾向で、胸の骨組み自体に厚みがあります。**そのため、鎖骨はあまり見えません。

また、下半身もふくよかで、脂肪がつきやすく、全体的に厚みが出ます。厚みがある分、**女性らしいふくよかさ**があります。

このコッペパン型さんには、そのラインを隠そうとさらにふんわりとしたチュニックや、分量があり過ぎるフリルなどを合わせると逆効果。着ぶくれして太って見えてしまいます。

**比較的すっきりしたライン**のジャケット、シャツやパンツでコーディネートするとスリムに装えます。それでも厚みがあるので、健康的な華やかさが内側からつくり上げるラインとして表現されます。

**「食パン型」の人は、骨組みはしっかりしているものの、体脂肪が少なく、太りにくい身体の厚みが薄いタイプです。**

肩の骨もしっかり張っていて、鎖骨もある程度出ています。

すらりとスタイルがよいので、おしゃれがしやすいスタイルです。

しかし、この食パン型さんは、スタイリング次第ではさびしく感じられることもあります。

それはどんな時かというと、あまりにも身体のラインにピッタリしたシンプル・シャープなスタイルできめ過ぎた時です。

また、あまりに甘過ぎるフリルやティアードといった、装飾がつき過ぎているものも控えましょう。

**身体の線に沿い過ぎない、ふんわりと空気を含んだ**ジャケットやセーター、ロングスカートなどが似合います。また、**さまざまなアイテムをレイヤー（重ね着）する**ことで、身体の厚みをおしゃれに演出したり、ストールで奥行をつくったりすることが似合います。

**体の厚い「コッペパン型」の人には、厚みを足さない。**
**体の薄い「食パン型」の人には、厚みを足してあげる。**
これを意識するだけで、シルエットがあか抜けますよ。

## ❻気になるのは、上半身？　下半身？　リンゴ型と洋ナシ型

お客様の体型をとらえて、「似合う」スタイリングをすることもできます。

**【上半身にボリュームがある「リンゴ型」】**

リンゴの形は上部がふくらんでいて、下部が細くなっていますよね。平面でいうと逆三角形なイメージ。つまり安定というより、動きがあるスタイリングがお似合いです。

バストが豊かなのは女性としてうらやましいですね。しかし、ご本人はタイトに見せたいという悩みを持つ方が多いのも事実。

そこで、上半身はすっきりしたデザインで胸元をカバー。下半身は腰高で、膝から下はすっきりとさせている方が多いです。

つまり、リンゴ型さんは、その個性を活かすスタイリングとしては、**ボトムをスリムにまとめる**こと。

明るい色の帽子や、個性的なサングラス、印象的なピアス・イヤリングなどで、**視線を胸よりも上へ**。高いところにポイントを置くことで、軽快なイメージになるようご提案してみましょう。

また、足元はすっきりと細いことがチャームポイントなので、**デザイン性の高い靴で目線を引きつける**コーディネートも効果的です。

だらりとしたゆるい素材ではなく、**ショートトレンチなどの張りのある素材のコート**

をキューッとウエストを締めてさっそうと着こなすこともできますね。

**【下半身に重みがある「洋ナシ型」】**

洋ナシは下部へいくほどふくらんでいます。洋ナシ型さんはヒップや太ももにボリュームがあるので、安定したイメージになります。

下半身に重心があるので、ポイントとしては**重くなり過ぎない程度にその安定感を活かす方法と、上半身に目線を集めて軽やかに仕上げる方法**があります。

前者は、**ワイドパンツ・ガウチョパンツ**などを落ち着いたシルエットで着こなす方法です。上半身をタイトにし過ぎず、少しボリュームを持たせて、あるいは、肩ラインをしっかりつくり、ボトムとの極端な差が出ないようにするときれいです。

後者は、上半身はすっきりしている方も多いので、**胸元にロゴが入ったTシャツやアクセサリー・色・柄などを配して目線を集めます**。ボトムはすっきりしたラインがきれいなミディアムスカートや、縦線が強調されるセンタープレスの入ったパンツなどでシンプルにスタイリングするとお似合いです。

お客様のお悩みのシルエットをケアする方法を取り入れながらも、それを個性として、「その人だからこそ着こなせるスタイル」としておすすめするのも、似合わせるスタイリング提案のひとつです。

お客様にも自信を持っていただけるご提案方法ですね。

そのためには、まずお客様の「形」を見つけることが必要なのです。

あなたも小さい頃、積み木で遊んだはずです。○や△や□を探したように、人の身体の中からもその形を探して、当てはめてみましょう。

# お客様の「質感」「量感」に注目しましょう

この世に存在するものは、「色」と「形」、そして「質感」でできあがっています。同じ洋服でも、この組み合わせ次第でそのイメージはまったく異なってきます。

例えば、同じ「形」のテーラードジャケットがあったとします。「色」も同じネイビーです。

ここまでなら、それらに違いは感じられません。

そこで「質感」です。想像してみてくださいね。同じネイビーに見えても、

ウール素材

シルク混
麻素材
スウェード素材
デニム素材

まったく違いますよね。
感じられる光沢・ツヤ感・ざらざら感・張り感・シワ感・重量感・厚み・シルエット・しなやかさ等々。

その結果、**発するメッセージ性が異なってきます。**

ウールのきちんと感
シルクが入ったフォーマルなツヤ感
麻素材の親しみやすいナチュラル感
スウェードの重みのある大人のこなれ感
デニムのカジュアル感

このように、「質感」がそのイメージを大きく左右するのです。

この微妙な違いを、人の中にも見つけていきましょう。

それを分析することで新たな人の特徴をとらえることにつながります。

そして、**洋服の質感と人の質感を調和させていきましょう。**すると、とても自然で心地いいハーモニーが生まれるのです。

また、その「量感」にも関わります。

では、さらに個性を表現する「質感」と、「量感」について、お話ししていきましょう。

## ❶ 髪に「天使の輪」が浮かんで見えますか？

子どもの頃は大抵の人にあったはずの天使の輪。大人になるにつれ、いつの間にか姿を消してしまっています。

それでも、大の大人であるのに、まるでおかっぱ頭の幼子のように、黒髪に天使の輪がツヤツヤと浮かんでいるお客様がいらっしゃいませんか。

あるいは明るいブラウンの髪色であっても、そこに天使の輪が浮かんでいる人も同じことがいえます。

それが、そのお客様が持っている、まずひとつの質感です。

**「輝くツヤ感、クリア感がある人」**だと分析できます。

パサついて乾燥気味な髪質のお客様に比べて、天使の輪をお持ちのお客様は、**洋服もシルクやサテン地のような比較的光沢がある質感、パリっと張りがある質感がお似合いです。**

全身をそのような素材でコーディネートしなくてはならない、といっているわけではありません。麻やデニムやコットン素材だけでスタイリングする場合は、**パンプスやバッグなどにエナメル素材などでクリア感をプラス**すると、お客様の魅力がハッとするほど引き出されるということなのです。

その人の持つ質感をリンクさせていけば、さらに似合うスタイルを見つけ出せるということです。

## ❷クリア感とマット感

あなたが女性なら、次の言葉から何を想像しますか?

「クリア感」と「マット感」。

メイク用品、とくにファンデーションを選ぶ時に、その質感を検討しませんか？　あるいは、リップのバリエーションにもこの違いがありますね。

今まではそれを単純にメイクの「好み」として考えていたと思います。

しかし、実はこのキーワードが、前述した髪についてだけでなく、人の特徴をとらえる手立てとしてさまざまな部分から分析できるのです。


例えば、肌の質感です。

血色がよくて、**透明感のあるお肌。その下から明るい赤みが透けて見える肌質。ガラス製のグラスから、中身が透けて見えるような状態のお肌**です。

このような肌にはキラキラ輝く**「クリア感」**を感じます。


逆に、お肌が透けて見えるというより、**半透明・不透明**に感じられる方。

陶器は表面が透けていなくて、その奥は見通せませんが、**表面はつるりとして滑らかです**。このような質感が**「マット感」**です。

**薄くさらさらとパウダーをかけたような質感**。こちらも**セミマットな質感**です。赤みがあまり感じられない場合も多く、顔色が悪く感じられるかもしれません。

## 「クリア感」と「マット感」

**クリア感** ツヤ、輝き、透明感、華やか、鮮やか、澄んだ、純色、清色

▷ダイヤのアクセサリー
▷ビジューバッグ
▷グロスのリップ
▷表革
▷サテン・シルク
▷張りのあるライン
▷エナメル靴

＊ウェディングドレスなら…
シルクサテンの張り、ツヤがあるドレス　etc...

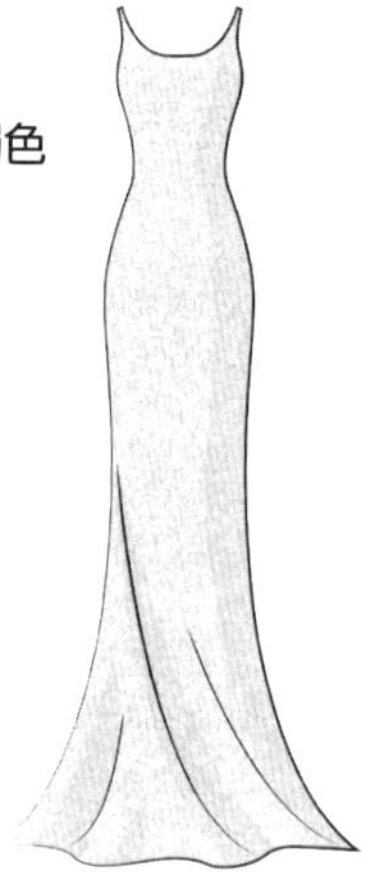

**マット感** スモーキー、不透明、半透明、落ち着き、穏やか、渋い、中間色、濁色

▷ターコイズ、パールのアクセサリー
▷籐バッグ、アンティーク風バッグ
▷マットなリップ
▷スウェード
▷ウール・コットン・麻
▷しっとり身体に沿って流れるライン
▷布地靴

＊ウェディングドレスなら…
風合いのある総レースのドレス　etc...

この2つの質感をたとえるとするならば、コンソメスープとポタージュスープ。

コンソメスープは透明で、キラキラ金色に輝いていますよね。「クリア感」のイメージです。

対するポタージュスープは不透明。「マット」感でコクがある質感です。

そう頭に描きながら、女優の
米倉涼子さん
三船美佳さん
お二人の顔を思い描いてみてください。

いつもアクティブな米倉涼子さんは、キラキラ輝く「クリア感」のコンソメスープ肌。

一方、十代の頃から落ち着いた魅力の三船美佳さんは、しなやかな弾力のある「マット感」のポタージュスープ肌です。

クリアとマットの違いがイメージできたでしょうか。


この質感でも、自分自身が持っている質感がファッションアイテムに置き換えても馴染むということが、「似合う」のセオリーなのです。

アクセサリーにしても、**「クリア感」**のある人は、きらりと**輝くネックレス**などがお似合いですし、**ヘアカラーも艶やかに、メイクカラーにも光沢・パール・グロス感**の強い質感がお似合いです。

クリア感は張り感につながりますから、ドレスラインもだらりとしなだれるようなラインや質感は苦手です。

**アウターとしても表革ジャケットやサテンなど光沢のある質感がおすすめです。また、透明感のあるオーガンジーやツヤのあるサテン生地**が似合います。

色合いは**クリアに澄んだ「清色《せいしょく》」**がお似合いです。グレーが混ざったくすんだ色は苦手ですから、ご提案は慎重に。

※色彩用語解説「清色」：真っ赤・真っ青といったピュアな混じりけのない大元の色（純色）に白だけを混ぜてできた色を明清色（ピンクや水色）、黒だけを混ぜてできた色を暗清色（ワインレッドやネイビー）という。明清色と暗清色を合わせて清色という。

**「マット感」**タイプの人は、**ターコイズやパールなど不透明・半透明のアクセサリー**

が地味にならずにお似合いです。

ヘアカラーやメイクも、ギラギラとした光沢があり過ぎるとうるさい印象になってしまいます。**穏やかな深み**をきかせるほうが馴染んできれいです。**ドレスにも落ち着いた風合いや、しっとりしなやかなドレープ感のある生地がお似合いです。アウターには、マット感、手触り感が面白いスウェード素材、ツイードジャケットなど**がおすすめ。

色合いは穏やかな中間色が得意です。鮮やか過ぎるものは苦手で、シックな着こなしがお似合いです。

※色彩用語解説「中間色」：真っ赤・真っ青といったピュアな混じりけのない大元の色（純色）に灰色を混ぜてできた色。グレイッシュな赤や青、スモーキー・穏やかな色、落ち着いた色のことで、濁色ともいう。

## ❸日焼け後は赤くなりますか？

海へ行った後、肌が真っ赤になって痛々しい人を見かけますね。

不思議なもので、真っ赤になった後は、自然に赤みが引いていって、結局あまり黒くならないという人がいます。

逆に、赤くならずに、どんどん紫外線を吸収して肌が黒くなっていく人も。この日焼け具合で、似合う色の傾向が違ってくるのです。あなたはどちらのタイプでしょうか？

お客様の肌が日焼けで赤くなっている時や、黒くこんがり焼けている時に、質問してみるといいですね。そこから楽しかった旅行や趣味の話にも広がると、なお深いコミュニケーションがとれて一石二鳥です。

お似合いになる傾向はこうです。

肌が**日焼けで真っ赤になる**ということは、元々肌がさほど強くないといえます。皮膚自体はやさしく薄い質感なのです。

ですから、そのような**ソフトでデリケート**な肌質感の人は、基本的に**淡い色**がよく似合います。

**パステル系**の色合いです。ピンクみのある肌にやさしくよく映えます。

日焼けをしても、赤くならずに**じわじわ黒くなっていく**という方は、しっかり丈夫で**ハード**な肌質です。このタイプの人は基本的に**深く濃く暗い色**が得意です。日焼けをしていない時期でも、どちらかといえばパステルカラーよりも、**深めの落ち着いた色**が似合います。このタイプには元々色黒だとおっしゃる方も多いですね。

理由は、それだけ皮膚感がしっかりしているからという、質感との深い関係にたどり着くのです。

## ❹髪の量、ヒゲの量とのバランスは？

髪の量と似合う色、まったく関係なさそうですが、実は「似合う」傾向があるのです。単純に髪の量が多くて、髪質も硬くて、太くて**ハード**、そして髪色も黒いという方は、コーディネートする洋服は濃い色がお似合いになりやすいです。

「似合う」という状態は、**バランスが取れている**ということです。**洋服の濃い色は重くて硬く感じ、その重さとバランスが取れるのは、多い髪量、硬い髪質、黒い髪**ということになります。あるいは黒に近いダークな髪色です。

女優の仲間由紀恵さんをはじめ、松下奈緒さんなど、歴代のＮＨＫ紅白歌合戦の紅組司会者を務められた、黒髪でストレートロングの女優さんたち。パステルカラーよりも、黒やロイヤルブルー、ワインレッドなどのドレスがよくお似合いだったことを思い出します。

薄くて可憐な小花柄のプリントワンピースでは物足りない強さ、ハード感をご本人がお持ちなのです。

逆に、**髪の量が少なくて、髪質もソフトで猫っ毛である場合は、身につける色もパステル系の柔らかい色がお似合い**になります。髪色も元々明るい方が多いです。

**男性の場合は、ヒゲも髪に準じてきます。**

量、太さ、色、密度にも影響され、**黒々と広い面積に豊かなヒゲ**を蓄えている方は**ハード感**があり、**どっしりとした濃い色、強い色がお似合い**になるということです。

コーヒーのＣＭにも登場されている俳優の山田孝之さんの濃いヒゲを思い浮かべてください。山田さんは、黒やネイビー、真っ赤などがよくお似合いです。

同様のイメージのお客様には、ネクタイやチーフなどに深い色をおすすめしてみるといいですね。

対照的に、あまり**ヒゲが濃くない方**、まばらな生え方の男性は**ソフトな印象で、やさしい色目**、ソフトなスタイリングがお似合いになります。

## ❺ロングスカートorミニスカート

ミニスカートばかりはいているお客様に、新しいご提案として、ロングスカートをおすすめするべきか、悩むところです。

「何となく似合うと思うのだけれど……」というあなたの直感。そこに理由づけがあれば、お客様へのアドバイスに重みが増します。

では、なぜ、**「ロングスカートが似合うかも」**とあなたは思ったのでしょうか？

先ほどから述べていますが、「質感・量感」のバランスが「似合う」に結びつきます。

おそらくそのお客様は、髪が多い、髪色が真っ黒、皮膚の質感がしっかりしている、などといった**重みや厚みというハード感**を持っているのではないでしょうか？

そのバランスをあなたが感じ取ったとしたなら、正しいことです。「似合う」を見つける力がついてきたということですね！

逆に、いつもパンツスタイル、スカートをはいてもベーシックなスタイリングというお客様に、ミニスカートをおすすめしてみたい。

そんな時は、お客様の質感が軽やかでソフトなものであるか、チェックしてみましょう。

**ショートカットの女性が、ミニスカートやショートパンツが似合いやすい**のもそのためです。髪型自体からも、ライトで軽やかな質感、量感ができあがっているのです。

## ❻大きなバッグorか小さなバッグ

バッグに限らず、アクセサリー、ストール、時計、メガネなど、あらゆる小物の「質感」「量感」についての「似合わせバランス」についてです。

よくいわれる、「身長が高いから・低いから」といった判断材料だけではなく、そのお客様の持つ「質感」「量感」を見てみましょう。

バッグはその大きさが**「量感」**につながっていますね。**ハード感のある方なら、大きなバッグがお似合い**ですし、**やさしいソフトなイメージの方なら、小さくて華奢なバッグ**がお似合いです。

これは小物全般にいえることです。

身長が低くても、大きなフェイスの腕時計がこなせる量感・ハード感のある方かもしれません。

アクセサリーのデザインも、**繊細で華奢なソフト感があるものは、肌が薄くて髪も柔らかいソフトなイメージのお客様にお似合いになる**と考えましょう。反対に**ハード感のある方には大きめでボリュームのあるものがお似合い**です。

**「質感」**も同様に考えてください。

例えば、どのデザインも単純にシルバーのアクセサリーとくくってしまわずに、質感として**「クリア感」「マット感」**に違いがありますから、確認してみましょう。

お似合いのものを見つけるためには、お客様の肌質や瞳の輝きと照らし合わせることが必要です。

ストールも、シルクのように**クリア・ツヤ感**がある素材と、コットン・麻などのように穏やかな**マット感**があるものと、その素材によって発する質感がはっきり違います。これもお客様の要素と結びつけると「似合う」の答えが見えてきます。

メガネは顔の真ん中に置くアイテムです。色や形だけではなくて、ご本人の質感によって、フレームやレンズの質感もコーディネートしていきましょう。

小物類は小さいながらも、その質感は重要です。「クリア感」「マット感」を、その人の質感と調和させていくセオリーを守ることが大切です。

ここを正しく守ることができれば、新たなテイストのご提案などもうまく似合わせてあげられます。

「色」「形」「質感」という視点でお客様も、商品も見つめ直してみてください。そして、その共通点を見つけ出せれば、新たなご提案の幅が広がるのです。

おすすめトークは、その理由が**「お客様のチャームポイント」**を引き出すものであるということを忘れないでくださいね。

次のＰａｒｔ３では、その分析がよりお客様に伝わるように「販売表現力」を磨いていきましょう。

Column 2

## おすすめワーク「人間着せ替えウォッチング」

私の場合、仕事柄の習性ですが、テレビや映画を観ていても、電車で前に座っている人や街行く人を見ても、常に「この人には何が似合うだろう？」と観察しています。

先日、カラーカウンセリングにお越しいただいたお客様も、初めてお会いした瞬間から、もう似合うイメージが決定していて、それを前提に話をしていたら、

「一目見ただけで、すぐに似合う色がわかるのですか？」

と感心していただきました。

これは、日々積み重ねて試行錯誤することで、得られる「チカラ」です。

あなたも、お客様に対していつも真剣に、望まれるファッション提案を考えてきたことでしょう。

これからは、さらにその対象を広げて、店の前を行くお客様、通勤時に見かける人々、好きなドラマを見ながら、「この俳優さんの特徴は？」と分析してみてください。

SNSでつながっている友人の写真からイメージしてみてもいいでしょう。

そして、「あのトップス、似合うかしら？」「あのボトムではダメ？」「ちょうどあのネックレスが合うじゃない！」と、「人間着せ替えウォッチング」を日々の日課にしてみましょう。


時と場所などに、何かテーマを決めてもいいかもしれません。

A子さんが、パーティに誘われた時のためのドレス。

B子さんが、フリースタイルで来てくださいといわれた時の面接コーディネート。

といった具合です。楽しみながらできそうですよね。


その積み重ねが、あなたの「似合うコーディネートの提案力」を成長させてくれるのです。何事も、繰り返し続けることが肝心です。

お客様がお越しになったその姿を見て、ふっと似合うコーディネートが浮かぶようになったら、もうあなたに迷いはないですね。

さらにレベルアップし、自信を身につけたファッション販売員のあなたがそこにいることでしょう。

# Part 3

# 接客上手は表現上手。「販売表現力」をアップしよう

# 既成概念にとらわれない新鮮な表現力を身につけよう！

今、本書を手に取ってくださっているあなたは、きっと勉強熱心な販売員さんですね。
今までも、販売分野に関して、「接客マナー本」「接客ノウハウ本」などで、敬語や心構えをしっかり学んでこられたのではないでしょうか。

昨今はモノを販売することがとても厳しい時代。

さらに**売上を伸ばすためには、プラスアルファのあなたの個性・パーソナリティの強みでお客様と接しなくてはならない時代**です。

もう、今までの当たり前の褒め言葉だけではお客様の心は動かせないと感じている方も多いのではないでしょうか？

そこで、本書のプロローグ・Part１・２で「お客様に似合う色」「形」「質感」を理解してくださったあなたへ、ここからは次のステップです。

基礎的な接客サービスマナーを踏まえたうえで、**あなたらしくて、他の販売員さんとは違った新鮮な表現力を身につけていただきたい**のです。

Part２で人の質感の話をしました。

ファッション業界に携わるあなたでも、少し難しく感じたでしょうか？

しかし、せっかくのお客様の魅力を引き出すための分析です。その考察をそのまま新鮮な表現力として接客現場に使っていけたら楽しいですね。

では早速、「質感」について復習しながら、販売ボキャブラリーを磨いていきましょう。

フルーツゼリーとプリン、あなたはどちらがお好きですか？

たとえ話が好きな私です。今度は、フルーツゼリーとプリンの話から入っていきましょう。

デザートメニューにこの２つが並んでいると迷いますね。どちらもおいしいデザートです。女性はもちろん、男性からも人気のある2種類です。

フルーツゼリーのよさは、何といっても光がくぐり抜ける透明感。その中にイチゴやオレンジ、メロンといった色とりどりのフルーツが閉じ込められていたら、さながら宝石箱のようです。ほの甘く、さわやかな香りまでもが漂ってきますね。

キラキラ輝く、透き通ったクリアな美しさです。

一方で、プリンの魅力も奥深いものです。ぎゅーっと詰まった良質の卵とミルクとバニラビーンズの香り。

とろける系から硬め系まで、ゆるさに差はあるものの、不透明な分、滑らかでコクのある口当たりに満足感を得られるのも魅力。ビターなカラメルソースとも相性がよく、味に深みを添えてくれます。

濃密で栄養いっぱいの定番のスイーツです。

さて、本書は料理本ではありません。フルーツゼリーからは透明な**「クリア感」**を、プリンからは**「マット感」**を感じます。実は、このフルーツゼリーとプリンの違いは、人の質感の違いと同じなのです。

人の肌も薄くて光が透過するような透明感があり、その中から血色の赤みが健康的に浮かび上がる、まるでフルーツゼリーのような肌質の人がいますね。

このような肌の人は、ご自身が透明感をお持ちだということです。とてもキラキラした明るい印象を周囲に与えますね。

対照的に肌質が不透明であるために赤みはさほど感じられないのですが、つるりとしていて弾力がありそうなプリン肌の人もいます。

しっとりと落ち着いた魅力で、マット感が相応しく、大人っぽい印象です。

さて、これらのタイプのお客様たち、あなたのお店の常連さんにも思い浮かぶ方がいらっしゃるのではないでしょうか？

思わず、「フルーツゼリーちゃん」と呼んでしまいたい方。いやいや、「プリンちゃんだわ」というお客様が。

このような場合、もう迷わず**「フルーツゼリーのようなお肌ですね」**と表現してしまってください。きっと笑いながら、お客様はあなたのことを好きになってくれるに違いありません。

**「プリンのような滑らかな肌がチャームポイントでいらっしゃるので、カラメルソースのようなこのブラウンの帽子が似合うのですよ」**といったトークができます。

実際に、私はカラーカウンセリングで、このような表現を使っています。すると、より具体的にイメージできて理解していただきやすいのです。

そして、ちょっと楽しいですよね。お客様は必ず笑顔になって、私の話に聞き入ってくださいます。

これが「販売表現力」を磨くために、あなたの発想にも必要なのです。

もちろん、よいタイミングを図ってくださいね。

あなたのお客様層、商品イメージ、お客様とのお付き合い歴などを踏まえてください。

**ほがらかでフレンドリーな話が好きそうなお客様**には、早い段階から導入できるのではないでしょうか。

あるいは、接客中にこのままだと購入決断を迷ってしまいそうな雲行きだと察した時には、**流れを転換するのにいい話題**かもしれません。

ただ、あなたの「販売表現力」を伸ばしていくためには、こういう発想力を育てることが有効なのです。

たとえ、具体的に言葉として口に出さなくても、あなたの中でこうした発想力が生まれることは、今まで以上の、絶対的にプラスになる能力なのですから。

私はあなたの成長をお手伝いしたいのです。

# 色の話題はオールマイティ

初対面の人との会話においては、政治・宗教・野球の話題は避けるべきだとよくいわれます。この3つの話題は、とくに個人各々の主義主張が強く現われやすいからです。ですから、一度話がこじれると収拾がつかなくなってしまいます。

ファッション販売の場では、そこまでのお話にはならないかもしれませんが、お越しになるお客様の性別・年齢・趣味は千差万別で、あなたの好みや知識とは共通点が見つからなくて、何を話そうか、会話に困ったことがあるのではないでしょうか？

そこで「色」の話です。

色はどんなものにもありますし、若者も、年上の方も、男性も女性も一緒になって会話ができるテーマです。**色に興味がない人は、まずはいらっしゃらないでしょう。**

初めて来店されたお客様であっても、あなたは堂々と自信を持って、色の話を切り出してください。

「似合う色というのは……」

「お客様は色白さんなので、実はこちらのセーターのような淡い色の系統がお似合いですよ」

「黒は案外難しい色なのです。イエロー肌のお客様には黄みがたっぷり入ったこのオレンジ色をぜひ試していただきたいのです」

といった具合です。

さあ、明日から来られるお客様との会話が、もう怖くなくなりましたね。

新しいご提案もできて、その理由も話せる。本書の続きを読みながら、新たに「色の話」の引き出しを増やしていきましょう。

# 色は商品で見せるだけではなく、言葉で表現すると心に残る

色はそもそも、それ自体に形はありません。

しかし、その**色から心に響く、風合いや輝き、厚みや重さなど、それぞれイメージが違っていますよね。時には香りともつながっています。**

色はその**微妙な違いの作用で、人の感性に訴える力**を持っているのです。

あなたは、その商品の微妙な色の違い、質感の違いを、商品で見せるだけではなくて、単なる説明でもなくて、グッとお客様の心に残るアプローチとして落とし込めているでしょうか?


私は日頃からお客様に色をお伝えする時に、さまざまな工夫をしています。

とくにブライダルカラーカウンセリングにおいて、ご結婚を控えた新婦様へお似合いのウエディングドレスの色・デザインをご提案する際には、色について念入りなご説明をしていきます。

例えば、ウエディングドレスの白にもさまざまな白があるのをご存じでしょうか。一般的には純白の白しかないと思い込んでおられる方も多いのではないかと察します。実はさまざまな白のバリエーションがあって、新婦様の肌の色・質感に合わせた白選びが重要となってくるのです。

その場合の白のバリエーションは、私たちプロからするとまったく違った白なのですが、お客様や一般の方々にはわかりづらい場合もあります。

その際には、具体的にその色をイメージできる「身近なモノ」にたとえるのが肝要なのです。

例えば、清楚な真っ白のドレスを「純白」というだけではなくて、

「雪のようにキラキラ輝くスノーホワイトのドレスです」

といったふうにご説明します。

黄みはなくて、青みベースに感じる白も、純白よりは穏やかな白の場合は、「ソフトクリームのような白ですね」などと区別してお伝えします。

また最近は、落ち着いた大人っぽくてゴージャスなイメージの少し黄みのあるクリームがかったウエディングドレスもあります。

その場合は、

「ハーゲンダッツのバニラのような、プレミアムアイスクリームの白ですね」

とお伝えすると、その濃密さがとてもよくご理解いただけます。

同じく黄みのある白でも、もう少し透明感があってフレッシュなイメージもある白ならば、

「イタリアンジェラートのような白でしょう」

とたとえてみると、その軽やかさやクリア感がイメージできます。

そうすると、お客様はまず頭にその「モノ」を描きながら聞いてくださいますので、うまく伝わりますし、和やかな空気もつくれて会話も弾むのです。

さらによいことは、ブライダルに相応しい柔らかくて幸せ感の漂うものにたとえると、その時の心情にも響いて記憶に刻まれますから、色のイメージを忘れずに覚えていてくださるのです。

**ぼんやりとあいまいになりがちな色の記憶を、しっかりと心に残していただける有効な方法**なのです。

これはブライダルカラーカウンセリングだけに留まらず、当然、洋服やバッグ、靴、アクセサリー、時計、メガネ、あるいは美容におけるヘアカラー・メイクカラー・ネイルデザイン、さらには、インテリア、建築関係など、**あらゆる業界で活用していただきたい**と、私が日々提唱している方法です。

つまりは**「販売表現力」**なのです。

この想像力を伸ばして、何かに置き替えてみようとすることで、販売表現力が成長していくのです。

さあ、まずは身近なものから、何かにたとえてみる練習をはじめましょう。

# お客様のチャームポイントを見つけましょう

あなたは、自分のチャームポイントはどこだと思いますか？　5秒以内にお答えください。

さて、いかがですか？　この質問に即答できる方は多くはいないでしょう。あるいは即答できたとしても、まわりの人からの意見とは一致していないことが多いはず。

案外皆さん、自分のことは分析できていないものです。まわりの人からの冷静な意見が、一番的を射ていたりします。つまり、**あなたもお客様のチャームポイントを冷静に見つけられる立場**だということです。

Ｐａｒｔ２で学んだ「色」「形」「質感」という角度から、あなたのお客様の特徴を見つけて、どこを活かしてあげればよいかを分析する、それでいいのです。

そしてそれをきちんと褒めて差し上げて、ご提案することがお客様の「似合う」を見つけて、後押しをすることなのです。

「色」の視点から分析すると、

「**『若々しく健康的に透けて』見えている『頬のきれいなピンク』**が、シャツのピンクにとても映えますね」

これは、顔にすぐに出がちな頬の赤みを気にされているお客様。

それはむしろ愛らしいチャームポイントだと気づかせてあげましょう。そのうえで、同じ色みのピンクのシャツが調和して映えることを褒めて、おすすめしてみましょう。

「形」の視点からだと、

「**『女性らしく』**腰がちゃんとおありになるので、カーゴパンツを**『きれいに格好よく』**はきこなせますね」

腰が張っているとお悩みのお客様。

でも腰がしっかりあるからこそ、おしゃれにカーゴ系のパンツをはきこなせるのだという、「だからこそ」という点をチャームポイントとしてお伝えしましょう。
そして「女性らしく」と「きれいに格好よく」という表現を加えることで、ハードになり過ぎないかという不安を取り除いてあげましょう。

「質感」の視点からだと、

「髪もお肌も『**しっかり存在感がある方**』なので、この『**個性的**』な厚手のざっくりニットも『**お客様なら**』着こなしていただけると思います」

髪が太くて多い、お肌も弾力があって厚みもあるお客様。

太い・厚いという言葉を言い換えて「存在感」という表現を使えば、ポジティブで特別な響きになります。また、「個性的」という言葉も、自尊心をくすぐるキーワードですね。

商品やファッションの勉強をすることも必要ですが、接客にはボキャブラリーを増やすことがとても大切です。

日々意識して、ポジティブな意味の似た言葉（類語）を見つける努力をすると、また一歩成長していけます。

# お悩みコンプレックスの告白

お客様ご本人から、着こなしのコンプレックスを告白されたとしたら、それは大きなチャンス到来です。

そこが個性であり、こちらから見れば、お客様のチャームポイントであるのですから。

早速、その部分にフォーカスし、Ｐａｒｔ２で学んだ通り、そのお客様の「色」「形」「質感」と、商品の「色」「形」「質感」を照らし合わせてみましょう。

よくあるケースとしては、**「私、色黒なので……」**という悩みのお客様。

ダークなお肌をお持ちだとしたら、そこがチャームポイント。だからこそ同じようにダークな大人っぽい色を素敵に着こなすことができるのです。

「いえいえ、色黒だなんて。素敵な**『リッチ肌』**ですね」

「**『シックゴージャス』**を着こなすのに、ぴったりの肌トーンです」

と、ポジティブに転換して差し上げましょう。

そして、ぴったりお似合いになるネイビーやダークグリーンなどのアイテムでチャームポイントを引き出してあげましょう。

「私だから似合うのだわ」。お客様はそう思える笑顔に変わっていきます。

また最近、私のお客様では、**「肩幅が広いのが悩みです」**と告白される女性が多くいらっしゃいます。

その悩みを「似合う」に変えてあげましょう。

つまり、肩幅が広くないと着こなせないコーディネートやデザイン、アイテムを堂々とポジティブにおすすめすればいいのです。

例えば、ボリュームのあるストール。首まわりに巻いて、身体に厚みを出すことで、**肩の横への広がりから目線をそらす**ことができます。しかも、

「肩幅が狭い人でしたら、このストールのボリュームに負けてしまって似合わないのです。お客様だからこそ、このストールを素敵に着こなせるのですよ」

と、肩幅が広いことをチャームポイントだという意識でお話ししましょう。

お客様の悩みにあいまいに対応するよりも、明確でポジティブな着こなしをご提案するほうが、お客様の信頼を得られるのです。

あるいは、**「背が低い」**からと、無難なスタイリングにまとめているお客様が告白してくださったとします。

ここも思い切って、ハッと目を引く帽子やメガネ、ネックレスなど、高い位置に装う小物をご提案してみましょう。

まず、**目線が上に上がり、かなり縦長効果が出ます**。そして、身長が低いからこそ似合うキュートなイメージのデザインをご提案すれば、「お客様だからこそ」の意義が伝わり、自信を持って堂々とかぶっていただけます。

いずれの場合も、コンプレックスをチャームポイントに変えられた喜びでお客様の心も明るくなり、さらには、ストールや帽子などの小物までお買い上げいただければ、セット売りで売上アップにもつながるという、プラスの連鎖となるのです。

そして何より、お客様の悩みまで解決できた、その達成感であなたの心が明るくなるでしょう。

# お客様が密かに求めている言葉

ただ単に、「お似合いですね」の褒め言葉だけでは、お客様の心は動きづらくなっています。

**どこがどう似合っているのか、また似合っていないのか、ファッション販売員の正直なアドバイス**を信じたいと思っています。

そしてアドバイスとはまた別に、**適切な褒め言葉と共に背中を押してもらいたい**という気持ちも、実はお客様の潜在意識の中にはあるのです。

**素敵な洋服に出会いたくてお店に足を運んでいる**のですから、いい買い物がしたいのです。

そして、販売員のあなたとの会話の時間も楽しいものであって欲しいと思っています。

お店にいらっしゃるお客様は、大きく2つのタイプに分かれます。

**①ファッションに冒険できないタイプ**
**②自分のファッションワールドを持っているタイプ**

まず、①のタイプのお客様には、安心感を与える言葉を選びましょう。

**「この商品は、とても人気があるのです」**
**「私も持っています」**

といった、よく耳にするワードも共感を呼んで友好的に受け止めてもらえます。

**「何にでも合わせやすいですね」**

も、素直にお得感を感じていただけるでしょう。

そこに、新鮮なアドバイスとして、「似合う」の定義をプラスして踏み込んだお話ができれば、「自分に似合う色まで見つけてもらえた」という満足感で、あなたへの信頼が高まるに違いありません。

一方、②のタイプのお客様には、前述のワードは控えたほうがよさそうです。**「他人と同じものは着たくない」**という考え方をお持ちですから、無難に人気があると聞くとかえって逆効果。せっかく購入に向けて盛り上がっていた気持ちも冷めてしまうのです。

それよりも、ファッション好きのプライドをくすぐる言葉を選びましょう。

例えば、

**「雰囲気がおありなので」**

**「すでにお持ちかもしれませんが」**

と、お客様のセンスのよさを認めたスタンスでアプローチしたほうが、心を開いてくれるでしょう。

迷われているようなら、①のタイプの方は保守的なので、この商品を手に入れた時の夢を見ていただかなくてはいけません。

**「新しいご自分に出会えます」**

**「きっとまわりの反応が違いますよ」**

と、未知の自分へ一歩踏み出すために背中を押して差し上げましょう。

②のタイプの方には、その**ファッションに対するプライド・使命感に訴える**のが得策でしょう。

**「お客様のような方にこそ」**

**「上手に着こなしてくださるはずなので」**

と、特別感を込めておすすめしましょう。

来店時のファッションやお話の中から、**お客様のファッションへの思い入れ度合い**を早い時点で察知することも、「販売表現力」に活かすために重要なポイントです。

# お客様は次の来店を考えながらお店を後にする

何事もそうですが、相手の気持ちになって自分の行動を見直してみましょう。

お客様心理としては、購入した場合は、大手を振ってお店を出ていくことができます。

「このワンピース、次は着て来てくださいね」などと、あなたからもまたお越しいただくために、フレンドリーな会話を楽しむことができます。


しかし、問題はこちらの場合です。

フィッティングまでしたのに、**購入せずにお客様がお店を出るケース**です。

ここに最大のあなたの山場があります。いろいろな思いはあるでしょうが、**必ず今日一番の「満面の笑み」でお見送りしましょう。**

お店を出るお客様はどんな気持ちでしょう？　実は決して平気ではないのです。人によって差はありますが、お客様も「申し訳ない」という気持ちでいるのです。このお店の商品は好きなので、「また来たい」とも思っているのですから。

もし、ここで見送る販売員の表情に一点でも曇りがあれば、お客様の次回来店は遠のいてしまうことに。今日の接客が次回につながらなくなってしまいます。

気持ちを整えて、満面の笑みでお見送りすれば、お客様は必ずまた来店してくださいます。そんなお客様を一人ひとり、あなたの顧客にしていくのが正しい接客といえるでしょう。

素直な笑顔。これも強力な「販売表現力」なのですから。

実際に私がそうです。先日、私を素晴らしい笑顔でお見送りしてくださった某ブランド店の販売員さん。

似合う色の選択も正しく、応対もとても心地よいものでした。必ず次回も彼女から買いたいと、私ははっきり心に決めています。待っていてくださいね。

Column 3

## おすすめワーク
## 「今日のコーディネート日記」

私がここ何年も続けていることですが、毎日、「今日のコーディネート」を記録しています。

簡単なイラストです。ペン1色だけの日もあれば、色を着ける日もあり。

そもそもの目的は、日々お目にかかるお客様に同じ洋服やスタイリングでお会いしないことや、学校でたくさんのクラスの授業を受け持っているので、毎回の授業、同じクラスに同じスタイリングで行かないようにするための備忘録でした。

とくに生徒は、私が想像する以上によく見てくれていて、

「やっぱり先生は緑が似合う」

「この前のオレンジの服のほうが好き！」

「先生、ネイルが替わった！」

などと、日々感想を述べてくれます。

自分を見本として、パーソナルカラーを使う素晴らしさと面白さを、生徒に直接、リアルに伝えたいのです。

トレンドも取り入れますが、それに頼って人様と同じにならないようにと意識していますし、こうやって個性は表現するのですよ！　とポリシーを伝えるためです。

この「コーディネート日記」は、そのための記録だったのですが、見返してみますと、自分のスタイリングの傾向や癖、そのシーズンの傾向などもわかり、反省点も見えてきます。

ですから、ぜひ、あなたにもおすすめします。

その日のテーマだったり、自分のファッションであっても、色について表現豊かに解説を添えてみたりすると、販売表現力も鍛えられ、さらに幅も広がるでしょう。

新しいコーディネート案をふくらませるための、日々の準備体操のようなものです。

少し大きめのスケジュール帳の隅で構いません。続けてみることが大切です。

# Part 4

# パーソナルカラーは「似合う」のバイブル

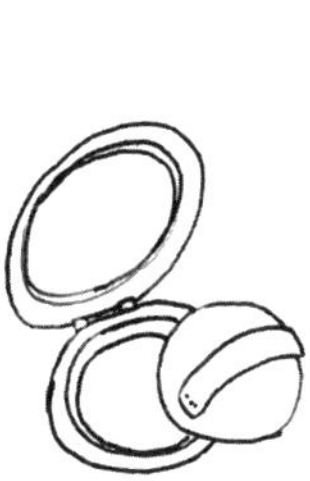

# そして、その先に パーソナルカラーがあるのです

本書ではここまで、「似合う」の条件について、パーソナルカラーの基本的な考え方を、より噛み砕いて、単体の条件にして、あなたが明日来店されるお客様に使える方法・形式でお話ししてきました。

その細やかな要素の積み重ねで、さらに、「パーソナルカラーシーズン」といわれる4つのグループへの分類が可能となってくるのです。

ここで改めて、「パーソナルカラーシーズン」についてお話ししておきましょう。

色のイメージや特徴から、ベースにすっきりとした青みを感じる色のグループであるブルーベースが、さらに「サマー」と「ウインター」に分類されます。

一方、ベースに暖かみのある黄みを感じる色のグループのイエローベースは、「スプリング」と「オータム」に分類できます。

各シーズンのカラーイメージをご説明します。「シーズンカラーパレット」は巻頭カラーページをご覧ください。

**「サマー」**の色は、初夏の梅雨の頃、ふんわりと咲く赤紫・青紫のアジサイ色や、ピンク・水色・ラベンダーといった柔らかいパステルカラーたち。穏やかで深みのある色もあります。**エレガント**で**上品**なイメージの色たちです。

**「ウインター」**の色は、黒・白・グレーのモノトーン。冬の真っ白な雪とクリスマスツリーの深い緑、鮮やかな赤い実、輝くシルバーの星飾りのイメージ。深くて強さのある色も存在します。**シャープ**で**印象的**なイメージの色たちです。

**「スプリング」**の色は、春のお花畑に咲くイエローやオレンジの明るい花々の色や、清々しい新緑のイエローグリーンなど。暖かみがあり、**若々しい**イメージ。軽やかでリズム感もあり、**透明感**あふれる色たちです。

**「オータム」**の色は、森の緑や、秋に紅葉したもみじの朱赤やいちょうのゴールド、かぼちゃの濃密なオレンジ、大地のブラウンなど、自然界に見られる色たち。**深み**や充実感も感じられ、**ゴージャス感**にもつながる濃い色合いです。

まずは基本として、この大きな枠で4シーズンの似合う色ごとに人を分類します。また、このパーソナルカラーを把握することは、似合う色を見つけるだけではなくて、あなたの色彩感覚をアップさせてくれるメリットもあるのです。

ブルーベース同士、イエローベース同士、あるいは同じシーズンカラー同士を組み合わせるとセンスのよい配色ができあがるのです。

まずは、これらの分類を眺めてマスターし、自分のカラーセンスアップにつなげましょう。

# パーソナルカラー4シーズンの「人の特徴」と「似合う配色コーディネート」

4シーズンに分かれた人の特徴もとても興味深いものです。

巻頭カラー2～5ページ「パーソナルカラー4シーズン　カラーパレット」、14～15ページ「パーソナルカラー4シーズン　顔パーツ・色の特徴」をご覧ください。このイラストからも当てはまるお客様がいらっしゃるのではないでしょうか。

そこで思い出してください。

「似合う」の定義は、私たち自身が持っている色・形・質感と同じような特徴を持っているものが調和するということでした。

これを思い返しながら、各パーソナルカラーシーズンの人の特徴を分析すると、似合うスタイリングイメージが大枠ながらわかってきます。

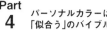

**「サマー」の人の特徴**

桜の花びらを思い浮かべるようなパウダリーなピンク肌。甘くソフトな印象です。

頬や唇にも青みを帯びたローズ系のピンクみを感じます。

髪はソフトブラックや赤みのブラウンの人が多いです。

全体的にご自分にやさしい色合いを持っていることから、サマーカラーパレットにあるスモーキーパステルの**グラデーション配色**が似合います。

**「ウインター」の人の特徴**

真っ白な肌、あるいはダークな肌色。頬や唇も赤みがないか、逆にとっても赤みが強いかのいずれかです。

髪は真っ黒で太くて多いことが特徴です。瞳も黒目と白目がくっきりしているので、目力をとても感じます。

キリリとした顔立ちが特徴のインパクトのある人ですから、似合う配色もウインターカラーパレットのすっきり強い色でつくる**コントラスト配色**がお似合いです。

## 「スプリング」の人の特徴

明るいブラウンの瞳と、透明感のあるアイボリー肌が特徴です。皮膚が薄いので、頬のサーモンピンクの赤みがよく透けて健康的です。髪も明るくて柔らかい人が多いです。若々しくてほがらかなイメージそのものです。

顔色も明るいスプリングの方。カラーパレットにも澄んだ明るい色がたくさんあります。これをさまざまに使った**カラフルな多色配色**がお似合いです。

## 「オータム」の人の特徴

オークル系の落ち着いたマットな肌質が特徴です。頬の赤みはない人が多く、唇も落ち着いた深い色みです。瞳は深いダークブラウン。髪も同様の色で、量も多く、髪質は硬くてツヤはあまりない人が多いです。

オータムのカラーパレットは、深みのあるアースカラーの集まりです。これらをオータムの持つイメージ通りの**落ち着いたトーン**で合わせましょう。

# パーソナルカラー4シーズンには分類キーワードが隠れている

ここで、あなたがお客様を、正確にパーソナルカラー4シーズンの「サマー・ウインター・スプリング・オータム」のどのシーズンに入るのかをズバリ見極めようとすると、かなり専門的な知識が必要になります。もちろん、この本で「似合う」ことの大切さに気づいたあなたには、さらに勉強を深めていただきたいのですが。

そこで、まずは、少しでも簡単に似合う色を見つけていくための大切なキーワードがあります。

Part2でも述べた、人の持つ「色」「形」「質感」の中で、

**「ブルー」と「イエロー」**

**「クール」と「ウォーム」**

**「ソフト」と「ハード」**

**「ライト」と「ディープ」**

**「クリア」と「マット」**

**「透明感」と「不透明感」**


これらが対極の言葉として使われていることに気づかれたでしょうか？

実は、これらの言葉がパーソナルカラーシーズンを、特徴ごとに大枠でグループ分けできるキーワードなのです。文中で太字になっているので、見返してくださいね。そして、１９４～１９７ページの表をご覧ください。

例えば、あなたがお客様を観察して、

「難しいことはわからないけれど、とにかくこのお客様は肌の黄みが強いわ」

という特徴だけは感じ取れたとします。

お客様の肌に黄みが強いということから、「イエロー」もしくは「ウォーム」というキーワードが文中からも出てきましたね。

194ページの表を参照すると、そのお客様は、

「『スプリング』『オータム』のどちらかの色ならお似合いになりそう。ベージュやキャメルがベーシックカラーで似合いそう。『ウインター』の黒は避けたほうがいいみたい。『スプリング』『オータム』の色でご提案してみよう」

と、前に進めばいいのです。

また、初めてのお客様。「お肌がとっても色白さん。でも黄みがあるのか青みの肌なのかわからない」という場合は、
色白だということは、「ソフト」「ライト」なお肌なのですから（196ページ参照）、「サマー」「スプリング」のエリアからおすすめすればいいのです。
「ウインター」の強過ぎる色、「オータム」の重く深い色を避ければ、かなり「似合う」に近づけているのです。

そして、色の鮮やかさの特徴に注目しましょう。頬や唇の赤みが強い方は、「クリア」なタイプ（197ページ参照）。「ウインター」「スプリング」のエリアから、鮮やかな色みの商品をご提案してみましょう。

また、「クリア」はお肌にツヤや透明感があるケースでしたね。瞳がキラキラ輝いている方もいましたね。

一方、「マット」は不透明感。頬の赤みがあまりない人です。その質感を分析してみてください。

このような分類ができるだけで、「何となく似合いそう」でご提案していた頃に比べると、ずっと成長しているあなたがそこにいるでしょう。

そして、ご提案の理由もお伝えすることができますね。お客様のチャームポイントとして、自信を持っておすすめしてください。

お客様を4つのパーソナルカラーシーズンにはっきりと分類できなくても、「似合う」の方向性を、接客・ご提案に使うことができる知識を身につけることはできるのです。

## パーソナルカラー4シーズンと特徴キーワード

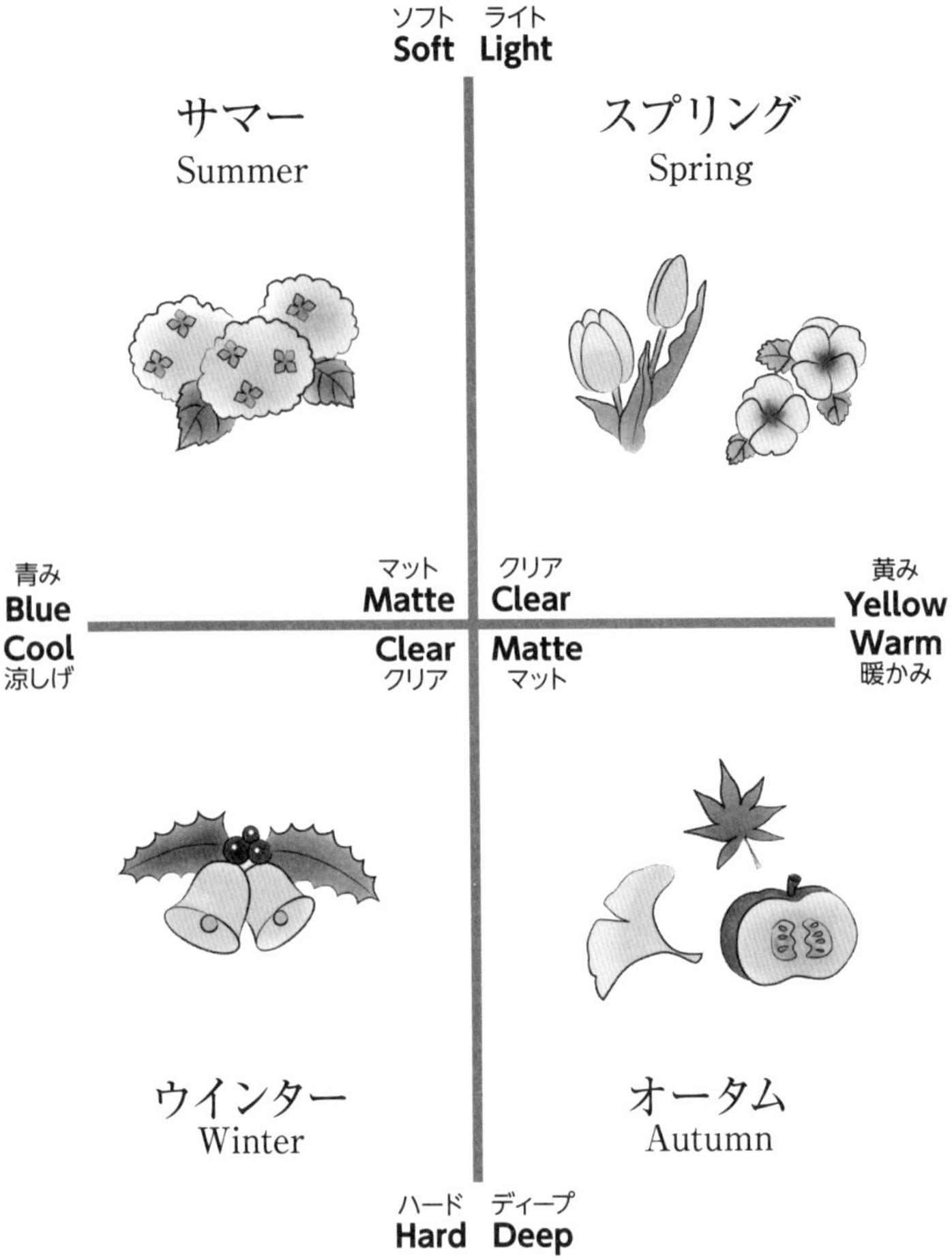

## 「ベースの色み」から分類

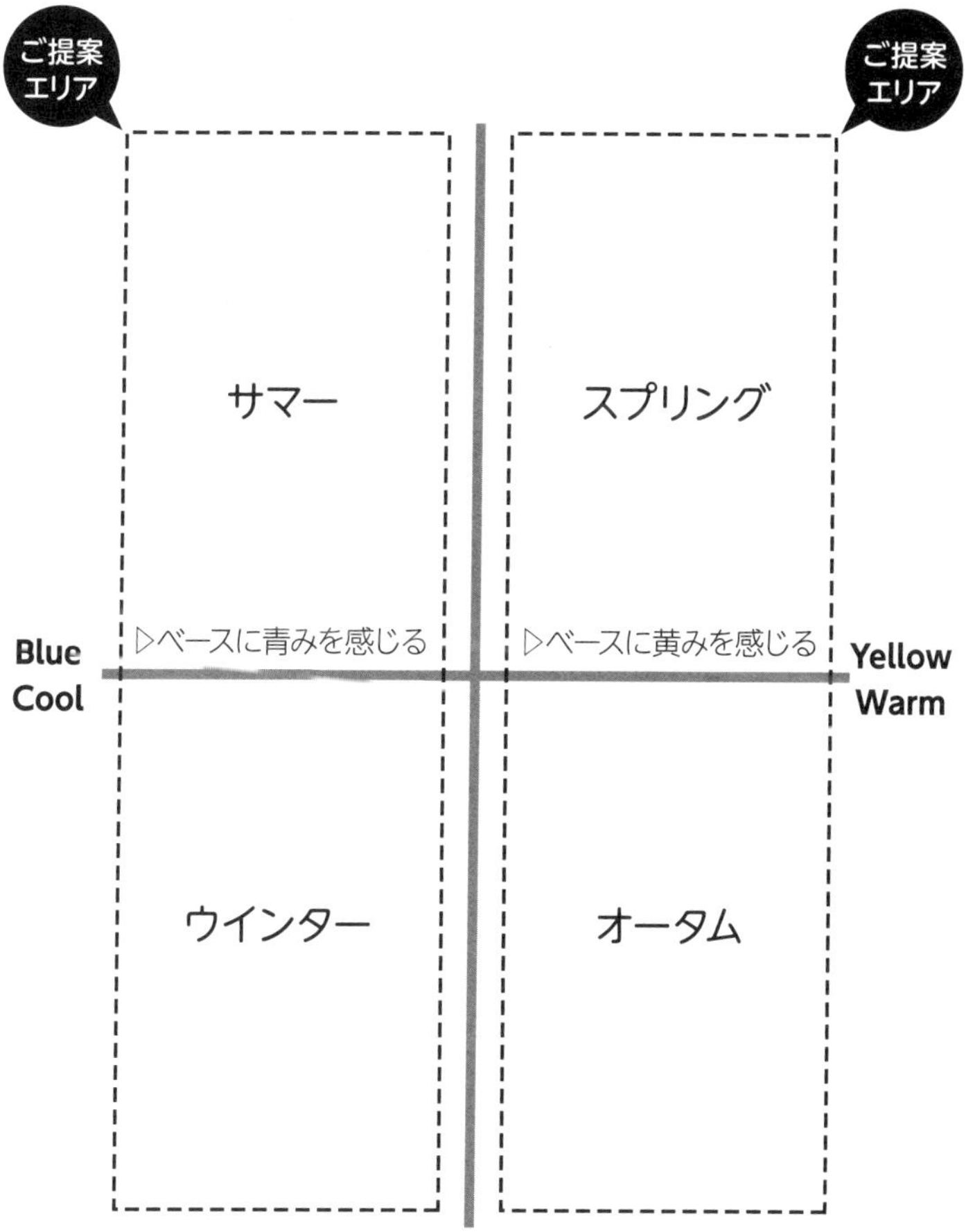
ご提案エリア
ご提案エリア
サマー
スプリング
▷ベースに青みを感じる
▷ベースに黄みを感じる
Blue
Cool
Yellow
Warm
ウインター
オータム

## 「色の明るさ」「質感」から分類

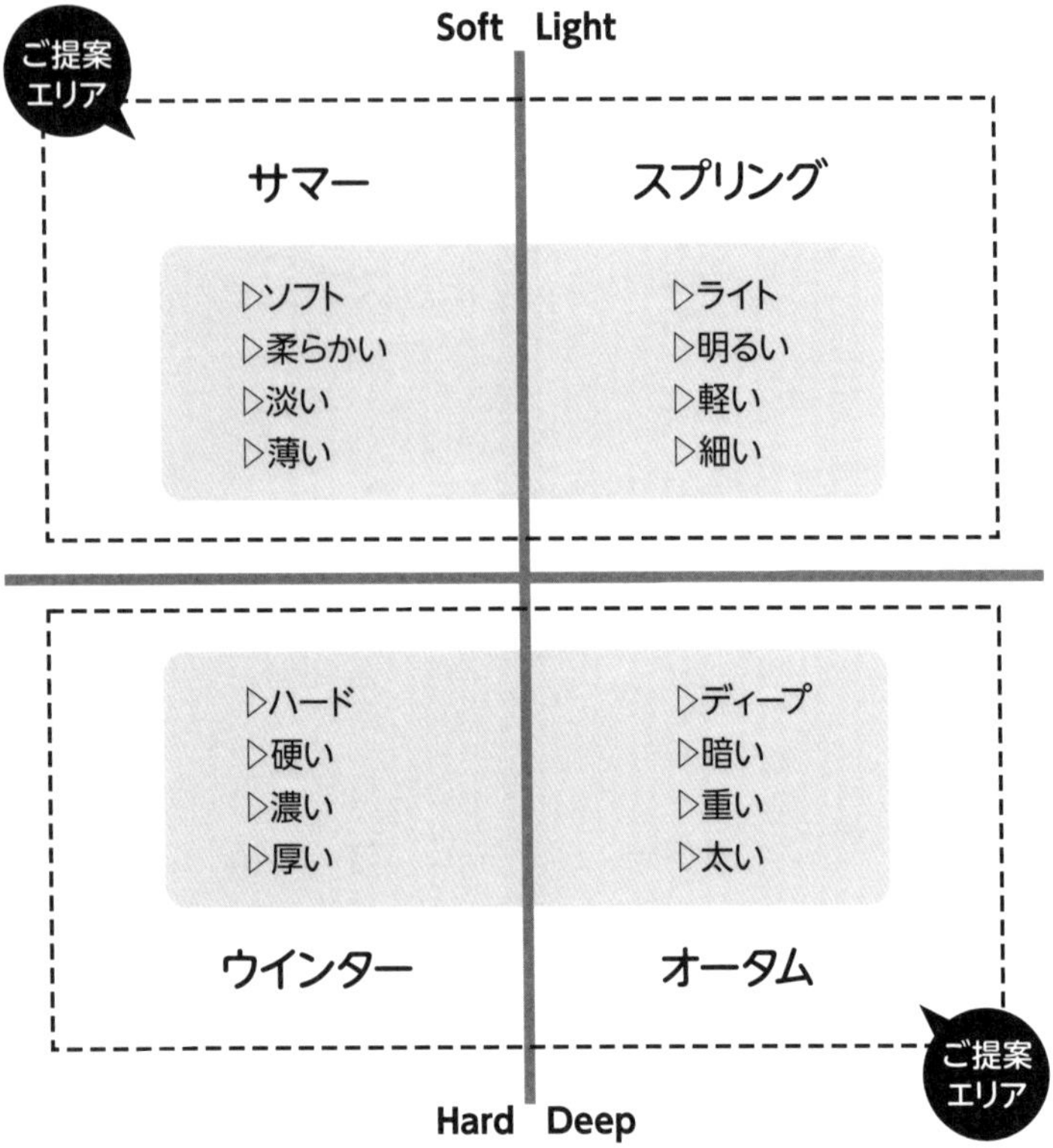

## 「色の鮮やかさ」「質感」から分類

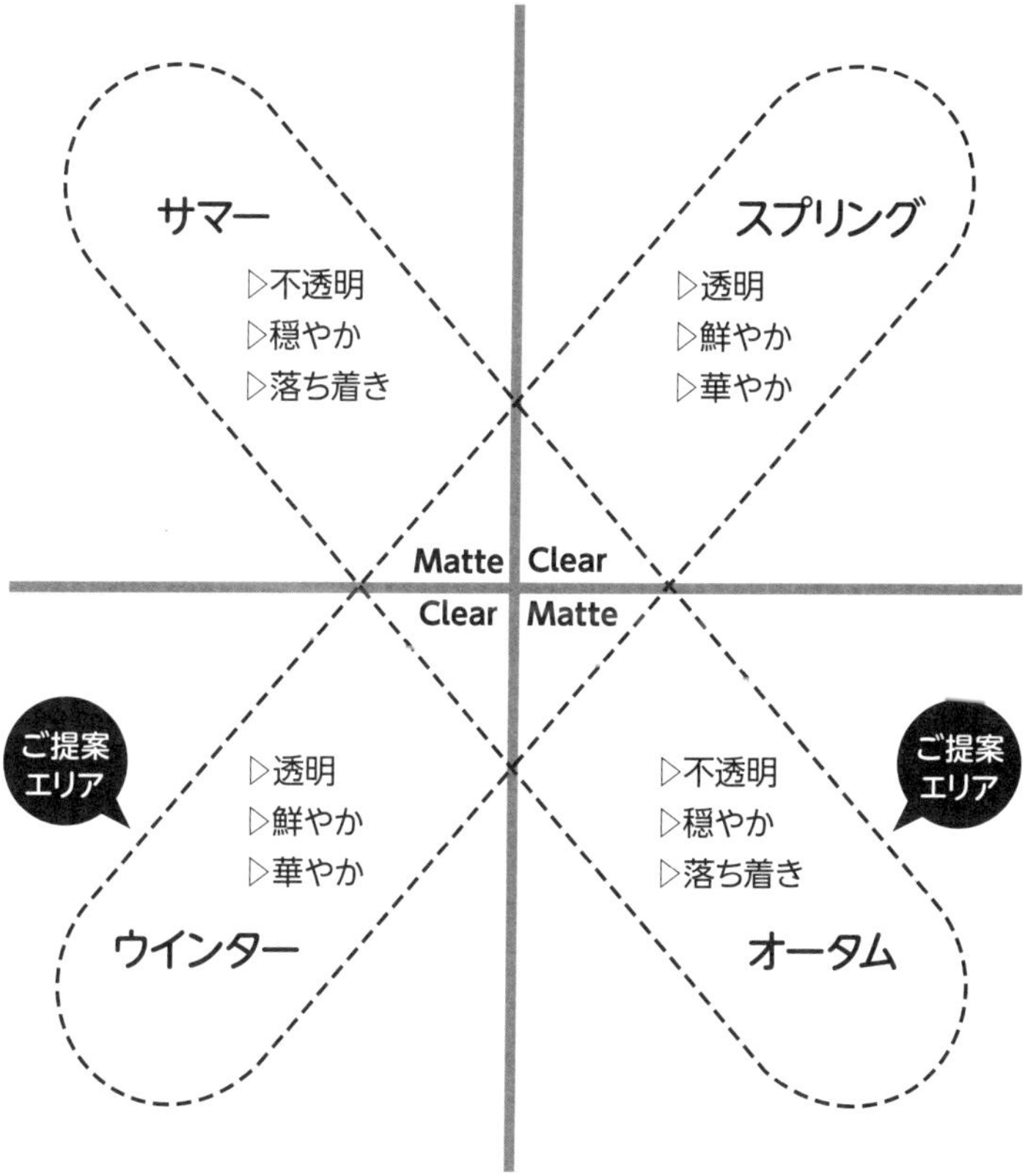

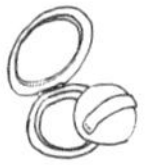

# 似合わなければ、「似合わせ」てあげましょう

似合う「色」「形」「質感」のお話をしていますが、苦手な色だとわかっていても、お客様には着てみたい時やアイテムがあります。

その時は、**「似合わせ」てあげればよい**のです。

何が似合って、何が似合わないかを知っていれば、着こなしで工夫することができます。

これは、知らずに苦手な色に「着られてしまっている状態」とはまったく違います。

ここでも、「色」「形」「質感」の考え方はとても便利です。

もしお客様が望まれている「色」が苦手な色だったとしたらどうすればよいのでしょう。

色の次の要素として、襟の「形」が丸いほうがいいのか、シャープなほうがいいのか。あるいは「質感」は、ツヤのあるクリアなものがいいのか、穏やかなマットな質感がいいのか。苦手な「色」以外の要素をしっかり似合う方向性でコーディネートしてあげればよいのです。そうすれば苦手な色も「似合わせ」てあげることが可能なのです。

また、**別のアイテムをプラス**して似合わせてあげることもできます。

首が詰まったタートルネックが似合わないように思えるとしたら、首元でV字をつくるロングネックレスをコーディネートしてみましょう。すると案外すっきり着こなせることがわかり、前向きな決断をしていただけそうです。

ミニスカートの軽やかな量感が苦手なタイプだと感じられたら、タイツとブーツで重みをプラスすることもアドバイスしましょう。プラスしたアイテムもご購入につながるかもしれません。

また、**顔の近くにくるアイテムが、一番「似合う」「似合わない」に関わります。**

ですから、ボトムスに苦手なアイテムを選ばれている場合は、トップスの色を得意色でコーディネートする方法をお客様にアドバイスしてください。これはとっても重要です。

似合う色のストールやスカーフを首元に持ってくることも有効ですね。色・質感がどんなタイプのものなのか。そのシーズンの小物のバリエーションをしっかり把握しておきましょう。

「何でも似合います」とおすすめしているだけではかえってお客様に不安感を与えてしまいます。「この販売員さんは、ちゃんと私に正しいアドバイスをしてくれている」と信頼も得ることができますね。

次は、試着時のインナーについて、アドバイスしていきます。

# 試着時のインナー選択 これが運命の分かれ道

お客様にアプローチして、会話を進め、さあ試着までこぎ着けて、ほっとひと安心していませんか？

いえいえ、試着されるこのタイミングこそ運命の分かれ目です。

ジャケットにしろ、羽織ものにしろ、ボトムスにしろ、まず、お顔のすぐ近くにくるトップスやインナーの色選択がとても大切です。その調和・馴染み感で、全体を見て候補のアイテムを購入するか否かを決断されるのですから。

振り返ってみてください。あなたがお客様にお渡ししているインナーは大抵、黒か白ではないでしょうか？

これまでにも書いてきたように、黒は難しい色で、似合う人が少ない色です。

また、インナーとして必要な白についても、ピュアな真っ白は難易度が高い色なのです。

もっと試着の段階でお客様と商品を馴染ませて、似合う状態をご用意して、前向きな決断に導きたいですね。

そこで、基本のインナーには次の2色を使い分けることをおすすめします。

それは、いずれも**やや明るめの、ライトベージュとシルバーに近いライトグレー**です。

両方とも、真っ白や真っ黒のインナーよりは穏やかにやさしくて、お客様のお顔とジャケット類をつなぐ役割を果たしてくれます。自然に似合わせてくれるニュートラルな色みです。

お客様のお肌の色に黄みが感じられたら、ベージュをお使いいただきましょう。イエローベースさんのお顔が柔らかに映えます。

ピンクみや青みが感じられたら、ライトグレーが相応しい色です。ブルーベースさんの肌を涼やかに整えて馴染みます。

仮に黒や白のインナーが必要であっても、商品としてご用意できるケースが多いでしょう。ですから、ベージュとライトグレーのインナーは、別途常備しておくとあなたの味方になってくれます。

ここでは、ブラックのジャケットとブラウンのジャケット、この2種類をご試着いただく場合と仮定しています。

詳しくは、巻頭カラー16ページを参照してください。

# ゴールド・シルバーは魔法の色

ゴールドとシルバー。もう少し何かが足りない時にアクセサリーをご提案するなら、ベースカラーを踏まえて選ぶと、とても便利に華やかさを増してくれる有効な色です。

アクセサリーについてお話しますと、**ブルーベースさんにお似合いなのが、シルバー（プラチナ）のクールな青い輝き、イエローベースさんに相応しいのがゴールド（ブロンズ）のウォームな輝き**です。リングやネックレス、ピアスに至るまで意識すると肌との馴染み感が断然よくなります。

ベルトやストール、メガネの金属部分のカラー、メイクやネイルのパール・ラメの種類などにおいても同様です。ゴールドを選ぶべきか、シルバーをご提案するべきか、大切なポイントです。

前項のインナーについても、もしパーティがテーマのドレスでしたら、ベージュをゴールドに替えてウォームビューティーを目指すべきか、ライトグレーをシルバーに置き替えてクールビューティーが相応しいのか、それだけでも華やかになりますね。パーティバッグやサンダルも同様です。

お客様の持つ青みと黄みを見極めてアドバイスできれば、お客様はその魅力を発揮できて、きっと喜ばれ、あなたへの信頼度も増すでしょう。

Column 4

## 有名人のパーソナルカラーを見てみよう

プロローグからPart4までに登場していただいた有名人の方々を、各特徴キーワードの代表例として改めてご紹介いたしましょう。

理解を手早く深めるためには、具体的なモデルを思い浮かべることが得策です。個性的で素敵な魅力をお持ちの方々に感謝申し上げます。

さらに参考としてパーソナルカラー4シーズンへの分類も、ここで表記させていただきます（文中登場順）。さらにあなたのスキルアップを助ける目安としてください。

細かな見方も必要ですが、大枠で「○○シーズンの人は、こういうタイプの人なのだ」と、イメージからつかんでいくこともとても有益です。

| ブルーベース Summer | イエローベース Spring |
|---|---|
| 綾瀬はるかさん<br>広末涼子さん<br>黒木瞳さん<br>羽生結弦さん<br>福山雅治さん<br>石橋貴明さん<br>ユンホさん（東方神起）<br>又吉直樹さん（ピース） | 森公美子さん<br>ベッキーさん<br>菅野美穂さん<br>米倉涼子さん<br>錦織圭さん<br>所ジョージさん<br>木梨憲武さん<br>綾部祐二さん（ピース）<br>ＹＯＵさん<br>西野カナさん<br>大竹しのぶさん |
| **ブルーベース Winter** | **イエローベース Autumn** |
| 荒川静香さん<br>小雪さん<br>羽鳥慎一さん<br>仲間由紀恵さん<br>松下奈緒さん<br>山田孝之さん | 織田裕二さん<br>萬田久子さん<br>本田圭佑さん<br>チャンミンさん（東方神起）<br>安室奈美恵さん<br>三船美佳さん |

Epilogue

# 「似合う色」を知る喜び、伝える喜び

# 色が夢を叶えてくれる

本書を最後までお読みいただき、ありがとうございます。

私は仕事として、専門学校で色彩の授業を受け持っています。「パーソナルカラー」「似合う色とは何なのか」を私から学び、社会へ出ていった生徒たちが時々、会いに来てくれます。そして、このような話を聞かせてくれるのです。

「先生、お客様が、苦手な薄いピンク色のドレスをそれとは知らずにご希望されたので、『こちらのほうが似合います』と、お客様に合う深い赤をご提案しました。そしてパーソナルカラーの似合う色の話をしたら、とても納得されて、そちらに決められました」

と、ブライダルドレスのショップで働いているある卒業生はとてもうれしそうに、自信に満ちた表情で語ってくれました。

またジュエリーショップで販売をしている別の卒業生は、「初めてのお客様でも、パーソナルカラーの話をすると、とても盛り上がって仲良くなれるのです。先生、本当に役に立っています」と報告してくれました。

ファッション販売員として、私が理想としている通りに、「似合う色」を上手におすすめできている成長ぶりに、こちらの目頭が熱くなる思いです。本当に素直で可愛い教え子たちです。

こんなふうにお客様に笑顔ときれいをプレゼントして差し上げられることは、とても幸せですよね。そして、販売という職業自体に誇りを持てます。

あなたにも、ぜひこのような「喜び」を感じていただきたいのです。

そのために本書を使っていただきたいと思い、執筆をしました。

私自身もそうなのです。

私はこれまで13年にわたり、パーソナルカラリストとして活動してきました。その中で、いかに多くの人が自分に「似合う色」をご存じないかという現実を知りました。「似合う」という意味を、「普段のその人の雰囲気に合っていることである」と勘違いしてしまっているのです。

しかし、**本当の「似合う」は、もっと深くて、感動的で、本当のその人の魅力がグッとあふれ出るもの**なのです。

日々、お客様が似合う色を見つけた時の、輝く笑顔に、私自身が感動しています。この胸の高鳴りをまた味わいたくて、今日もパーソナルカラーを広めるべく仕事を続けているのです。

似合う色を見つけた私のお客様は、「早速、お買い物をして来ます！」と意気揚々と帰って行かれます。そして、その日のうちにメールで届くのは、ご購入されたアイテムの数々と、ご本人の満足して高揚したご様子の写真。

その幸せそうなお客様の姿を拝見して、もっとファッション販売員の皆さんに、このパーソナルカラー、そして「似合う」のノウハウを知っていただきたいと思ったことも、本書を書くきっかけとなったもうひとつの理由です。

「似合うのバイブル」パーソナルカラーは、お客様のこともあなたのことも、世界中の皆さんを幸せにする力を持っているのですから。

最後に、私がカラーを学び、その道での仕事をスタートする背中を押してくださった、株式会社カラースペース・ワムのヨシタミチコ校長に、心より感謝申し上げます。

また、ブライダル業界にてパーソナルカラーを広める場を与えてくださった、C&CIヤマノ株式会社AKIRA社長にも、厚く御礼申し上げます。

本書の出版に際しましては、有限会社経営コンサルティングアソシエーションの宮内亨先生には、出版会議での思いやりある叱咤激励をいただきまして、誠にありがとうございます。先生の情深い笑顔を思い浮かべながら書き進めてまいりました。御礼申し上げます。

また、この出版会議をご紹介いただきました、カンバヤシブランドマネジメント代表上林達矢様には、心より御礼申し上げます。やっと夢が叶い、出版にたどり着きました。ありがとうございました。

この出版企画を採用していただき、多大なるお力添えをいただきました、同文舘出版の古市編集長、並びに担当編集の津川さん。細やかなお心配りとご指導と激励をいただきましたこと深く感謝申し上げます。また、温かく見守ってくださった編集部の竹並さん、戸井田さん、そしてこの出版に関わってくださったスタッフの皆様、本当にありがとうございました。これからもどうぞよろしくお願いいたします。

いつもまわりで私を支えてくれているお仕事仲間の皆さん。ありがとうございます。深く感謝いたします。これからもどうぞご指導、ご鞭撻のほど、よろしくお願い申し上げます。

そして、小さい頃からよい環境の中、私をこのようなおしゃれ好き・カラー好きな人間に育ててくれたことを、改めて両親に感謝いたします。

皆様への感謝を心に抱きつつ、私はこれからも「似合う色」を知る喜び、伝える喜びを、夢見るたくさんの人々に広め続けてまいります。

２０１５年10月

松本　千早

著者略歴

松本　千早（まつもと　ちはや）

REAL COLOR DREAM 主宰
色彩コンサルタント／パーソナルカラリスト／ブライダルカラースタイリスト／花デザイナー／ WAM カラーネットワーク会長
大学卒業後、大手アパレルメーカー、コンサルティング会社勤務を経て、自らの特技と経験を生かすべく色彩全般を学ぶ。独立後、専門学校をはじめとする各種学校での色彩学講師、企業研修、店舗サロンでのセミナーイベント、商品販促プランニングなどを行なう。カラースクール・各種学校では、13 年にわたる講師活動として 7,000 人以上の生徒にパーソナルカラーを教授し、世に送り出している。ブライダル業界での新郎新婦へのブライダルカラーカウンセリングはトータル 5,000 人を超える。パーソナルカラー診断は 15,000 人超えの実績。
「楽しい・わかりやすい」と好評のセミナーは、ファッション・美容・ブライダル・フラワーなど各種業界から支持され、講師依頼が続いている。「色が夢を叶えてくれる」を提唱し、色の持つ奥深い力を、社会に広く伝えるべく活動を展開している。

〈お問い合わせ先〉松本千早　～ REAL COLOR DREAM ～
HP：http://www.chihaya-rcd.jp　E-Mail：info@chihaya-rcd.jp
Facebook：http://www.facebook.com/chihaya.matsumoto
ブログ：http://chihayairo.exblog.jp　Tel ／ Fax：06-7897-0166

# ファッション販売のための「本当に似合う商品」ルールブック

平成 27 年 11 月 11 日　初版発行

著　者 —— 松本千早

発行者 —— 中島治久

発行所 —— 同文舘出版株式会社

東京都千代田区神田神保町 1-41　〒 101-0051
電話　営業 03（3294）1801　編集 03（3294）1802
振替 00100-8-42935
http://www.dobunkan.co.jp/


ISBN978-4-495-53271-0
印刷／製本：萩原印刷
Printed in Japan 2015